名人家风丛书

一纸家书教泽深

——傅雷与傅氏家风

本书系2016年度国家社会科学基金重大项目“中国传统文化教育资源的开发利用研究”（项目批准号：16ZDA230）阶段性成果。

名人家风丛书

徐梓 主编

一纸家书教泽深

——傅雷与傅氏家风

王晓璇 著

中原出版传媒集团
中原传媒股份公司

大象出版社
·郑州·

图书在版编目(CIP)数据

一纸家书教泽深 : 傅雷与傅氏家风 / 徐梓主编; 王晓璇著. — 郑州 : 大象出版社, 2021. 12
(名人家风丛书 / 徐梓主编)
ISBN 978-7-5711-1010-9

Ⅰ. ①一… Ⅱ. ①徐… ②王… Ⅲ. ①家庭道德-中国②傅雷-1908~1966-家族-史料 Ⅳ. ①B823. 1 ②K820. 9

中国版本图书馆 CIP 数据核字(2021)第 037909 号

名人家风丛书
徐 梓 主编
YI ZHI JIA SHU JIAO ZE SHEN
一纸家书教泽深
——傅雷与傅氏家风
王晓璇 著

出 版 人 汪林中
总 策 划 郑强胜
责任编辑 连 冠
责任校对 张绍纳
书籍设计 王 敏

出版发行 大象出版社(郑州市郑东新区祥盛街 27 号 邮政编码 450016)
发行科 0371-63863551 总编室 0371-65597936
网 址 www. daxiang. cn
印 刷 北京汇林印务有限公司
经 销 各地新华书店经销
开 本 890 mm×1240 mm 1/32
印 张 6. 25
字 数 133 千字
版 次 2021 年 12 月第 1 版 2021 年 12 月第 1 次印刷
定 价 21. 00 元
若发现印、装质量问题,影响阅读,请与承印厂联系调换。
印厂地址 北京市大兴区黄村镇南六环磁各庄立交桥南 200 米(中轴路东侧)
邮政编码 102600 电话 010-61264834

总　序

一个人有一个人的气质，一个国家有一个国家的性格。一个家庭在长期的延续过程中，也会形成自己独特的风气。这样一种看不见的风尚习惯、摸不着的精神风貌，以一种隐性的形态存在于特定家庭的日常生活之中，家庭成员的一举手、一投足，无不体现出这样一种习性。这就是家风。

“家风”一词，最早见于西晋著名文学家潘岳的诗中。与潘岳有“双璧”之称的夏侯湛，自恃文才超群，将《诗经》中有目无文的六篇“笙诗”补缀成篇。潘岳为与友人唱和，写作了《家风诗》。在这首诗中，作者通过歌颂祖德、称美自己的家族传统以自勉。

“家风”又称“门风”，这个词语在西晋出现并在随后流行，显然和“士族”“世族”“势族”“大族”“世家大族”成为社会上的统治力量有关。无论是以宗族为根基、以武力为特质的地方豪族，还是以官宦为标志、以文化为表征的名家大姓，他们政治上累世贵显，经济上广占土地，文化上世传家学，垄断了全社会的主要资源。除通过九品中正制和婚姻关系来维护门阀制度之外，他们还自矜门户、标树家风，用以抵御皇权和寒人的侵渔。正因为如此，两晋以后，这个词语渐次流行。从发轫之初，“家风”就往往和“门风”互用。我们可以将它理解为家庭的风气，将它看作一个家庭的传统、一个家庭的文化。

传统作为人类代代相传的行事方式，是从过去延传到现在的事物。没有经过较长时间的过滤和沉淀，就形成不了传统。在《论传统》的作者希尔斯看来，至少要持续三代人，才能成为传统。尽管世代本身的长短不一，但无论是信仰还是行动范式要成为传统，至少需要三代人的两次延传。家风作为特定家庭的传统，是该家庭长时期历史汰选、传统沉淀的结果，是一辈又一辈先人生活的结晶。在历史文献中，“家风”或与“世德”共举，或与“世业”并称，足见家风有别于时尚，而与“世”即很多年代、好几辈子紧密关联。在时间上持续的短暂性是时尚的特征，而家风则是历经延传并持久存在，或者在子孙后代身上一再出现的东西。正是在这个意义上，历史文献中提及“家风”一词，往往蕴含对传统的继承。如比比皆是的“不坠家风”“世守家风”“克绍家风”“世其家风”及“家风克嗣”等，无不体现了这一特点。

有一种观点认为，家风必须是健康的、积极向上的，否则，不能称之为家风。实际上，这只是说者的一种期许、一种渴盼，家风本身并不蕴含这样的意味。否则，“良好家风”就是毫无意义的同义反复。正如“文化”是使民族之间表现出差异性的东西，时时表现着一个民族的自我和特色一样，家风作为家庭的文化和传统，表现的也是一个家庭的气质和风习，反映出一个家庭与其他家庭的不同之处。它完全是一个中性的概念，并不必然具有正面的意义。有的家风可能是勤奋俭朴、为人忠厚、待人有礼，也有的家风可能是狡诈刻薄、游荡为非、跋扈凶横。如同一所学校、一个班级的风习我们称之为校风、班风，而校风有好坏之分，班风有高下之别，并不总是值得弘扬一样，家风同样也有不良的，并不都是传家宝。正因为如此，对家风或门风则就既有称誉，也有贬损。即便是在传统社会，被视为传家久、继世长的，也只有耕读、忠厚、清廉这样一些美好的品质。

的确，家风的特征在前现代、在乡村社会、在大家庭中表现得十分鲜明，格外生动，而在现代城市家庭中却不那么明显。但是，只要一个组织存在，就会有这个组织的文化，特别是这个组织如果有历史的厚重，有传统的积淀，就更是如此。作为家庭的文化，家风是附丽于家庭而存在的，只要有家庭，就会有家风。家风并不必然会因为农村的城市化、大家族被小家庭所取代而丧失，或者说，随着历史的演进，社会情势的变化，家风的具体内容肯定会有变化，但家风仍然会存在。在社会结构和家庭结构都发生了革命性变革的当今社会，人们感叹“家风”的荡然无存，其实是指家庭所秉持的“只耕田，只读书，自然富贵；不欠债，不健讼，何等安宁”这样一些古典原则的式微，是指“耕读两途，读可荣身耕可富；勤俭二字，勤能创业俭能盈”这样一些传统内容的沦落，是“志欲光前，惟是诗书教子；心存裕后，莫如勤俭传家”这样一些旧时理念的散淡，而不是家风本身的消逝。

此外，家风不同于家规。虽然这两个词都与家庭教育相关，但它们有着本质的差异。

家规是家庭或家族中的规矩，是家人所必须遵守的规范或法度，是父祖长辈为后代子孙所制定的立身处世、居家治生的原则和教条。它是借助尊长的权威，加之于子孙族众的又一重道德约束，有的甚至具有法律效力。它有家训、家诫、家仪、家教、家法、家约、家矩、家则、家政、家制等名义，有敬祖宗、睦宗族、教子孙、慎婚嫁、务本业、励勤奋、尚节俭等多方面的内容，是行于口头、针对性强的具体教诫，是见诸家书、目的明确的谆谆训诲，是载诸家谱、可供讽诵的文本规条。家规可以有多种分类，如：根据其表现形式，可以分为教诫活动的家规和文献形式的家规两种；根据内容，则可以分为针对一人一事、起因明确、内容具体、结果显豁的非规范性家规和针对整个人生、涉及方方面面的规范性家规。有的家规，着重家庭子弟的道德修养，教授为人处世要法；有的家规，集中居家治生，以至是祠堂、义庄、学塾等的管理规条。但无论如何，相对于家风，家规一个总的特点是有形的，是可视可见的。

一个家庭的家风有别于这个家庭世代相传的道德准则和处世方法，它是一个家庭的性格特征。虽然它一旦形成，也就成为教化的资源，对家族子弟具有熏染影响、沾溉浸濡的意义，但它是一种不必刻意教诫或传授，仅仅通过耳濡目染就能获得的精神气质，具有“润物细无声”的作用。历史文献中的“渐渍家风”，就极为生动形象地诠释了这一过程。通俗地说，我们可以把家规看作教化家人的教科书，而家风则是经由长期教化后的结果。

2014年春节期间，中央电视台的“家风”系列报道，引起了社会的热烈反响和高度认同。这一报道对于引导人们自觉省思，培植良好的家风，构建和谐的家庭关系，夯实家庭这一社会的堡垒，进而培养全社会的良风美俗，疗治现今社会的乱象，无疑具有积极的意义。正是基于这样一种用心，《寻根》杂志主编郑强胜代表大象出版社，约请我主编这套“名人家风丛书”。

第一辑十种出版之后，广受读者好评、社会欢迎。众多媒体都曾予以推荐，并入选国家新闻出版广电总局向全国青少年推荐百种优秀出版物、入选第二届中华优秀传统文化普及图书50种图书推荐目录，出版社也一印再印。受这种情势鼓舞，强胜兄按此前我们商议好的计划，不失时机地敦促我们启动了第二辑的编写工作。2016年5月18日，他给我发来了《“名人家风丛书”第二辑编写建议》，第二辑的编写工作由此启动。2018年6月，他又给我发来了《“名人家风丛书”第三辑编写建议》，第三辑的编写工作由此启动。

2016年，我作为首席专家承担了国家社会科学基金重大项目“中国传统文化教育资源的开发利用研究”（项目批准号：16ZDA230）的研究工作，本辑图书的编写也是该项目研究工作的一部分，并受到了项目的资助，王立刚居中做了大量的工作。

本辑的编写者，依然主要是我的学生，也吸纳了个别对此有热情、有研究的朋友参加。由于时间仓促，特别是水平所限，其中肯定会有这样或那样的问题，诚挚地希望读者不吝赐教，以便我们把这项工作做得更好。

北京师范大学国学经典教育研究中心 徐梓

2020年1月

目录

楔　子

“历史上受莫名其妙的指摘的人不知有多少，连伽利略、服尔德、巴尔扎克辈都不免，何况区区我辈！……老话说得好：是非自有公论，日子久了自然会黑白分明！”1966年9月2日夜，被错划为“右派”的傅雷夫妇自缢于家中，中国翻译界的一代巨匠，在遥遥长夜中愤然离开了人世。

1908年4月7日，傅雷出生于江苏省南汇县（现上海市南汇区）固浦镇渔潭乡。傅雷的父亲因受土豪劣绅诬陷，被捕入狱。母亲为救夫多方奔走、营救。傅雷的父亲在被救出三个月后，便含恨离世。此时的母亲只有24岁，为了抚养年幼的傅雷，从此终身孀居。孤儿寡母，相依为命，不论酷暑严寒，不论穷困潦倒，点一盏青灯，寡母严教在身侧。琅琅读书声中，幼年傅雷尝尽心酸。

傅雷，人如其名，疾风迅雷。少年傅雷的读书生涯并不平坦，他因顽皮被开除，因反宗教被开除，成为了老师眼中的顽劣孩子。母亲担心傅雷参加进步学生运动受到株连，强令傅雷休学回家。难能可贵的是，寡母目光长远、心胸豁达，不惜变卖房产筹钱送子赴法留学。尽管傅雷在徐汇公学念过三年法文，但所学毕竟粗浅。所幸，同船一位安南（今越南）青年，讲得一口流利法语。傅雷拜这位安南青年为师，每日学习法语一小时，一个月后，船抵法国，傅雷已经会用法语作一般交流。这艘法国游轮，载着母亲的思念与儿子的理想，驶向万里之外的国度。

傅雷在法国学的是世界美术史，回国后，他从事过美术考古和美术教学工作，但时间都很短。他性格刚直，有话直说，总是和周围的环境格格不入，于是选择“翻译”这个职业，躲在书斋里埋头翻译法国作品。他把自己锁在书房里，潜心翻译。他总说，“翻译工作要做得好，必须一改再改三改四改”，“文字总难一劳永逸，完美无瑕，当时自认为满意者，事后仍会发现不妥”。傅雷的一生劳绩，便是把法国文坛巨匠罗曼·罗兰、巴尔扎克、伏尔泰、梅里美的名著呈现给广大的中国读者。对待翻译，他从不怠慢，决不马虎，在动手翻译之前，总是把原著看过四五遍，弄懂弄通了，领会其中的神韵意味了，才着笔翻译。感人至深的是他翻译罗曼·罗兰的《约翰·克利斯朵夫》，百万言的巨著，傅雷从1936年开译，直到1939年才完成，历时三年多。1950年年初，他又花费两年时间重译这部名著。他不仅写作严谨，生活也是事事严谨有序，他家里的热水瓶把手一律朝右，顺手可取，倒光了水，空瓶放到排尾，方便灌水时从排尾开始。

傅雷一生缜密认真，一身傲骨不屈。1958年，他被错划成“右派”。有朋友找傅雷谈话，暗示他把“检讨”的调子唱得高一点，以求得认识深刻，免戴“帽子”。傅雷断然拒绝。被错戴“帽子”的傅雷，翻译工作也受到影响，他的翻译作品被迫束之高阁，无法出版。傅雷以译书为业，没有工资，稿费就是他维持生计的全部。译稿不能出版，对他来说是致命的打击。出版社建议傅雷“改个名字，用笔名出书”，他宁可不出书，也坚决不改名。这就是傅雷的品格。没有媚骨，只有傲骨。

傅雷是一位作家、一位翻译家，也是一位父亲，他深爱自己的孩子。儿子傅聪远走异国他乡，傅敏中学毕业后也离沪北上，赴京上学，鸿雁往返，信函交驰，一封封家书连接着父子之心，倾诉着父子之情。傅雷翻译了太多的著作，也写出诸多精彩的文艺评论，但傅雷对大众影响最为广泛的，还是那一封封充满爱意、饱含哲理的家书。《傅雷家书》是一部很特殊的书，是父亲写给儿子的家信，也是傅雷思想的折光。它犹如山涧清溪潺潺，如碧空白云卷卷，如白璧无瑕，如沐春风。书信中的傅雷，依旧严格、依旧永葆爱国赤子心，他无拘无束，心里怎么想，笔下就怎么写。信里只有父爱满满，只有质朴纯洁的感情，里头是一颗热忱跳动的心。

“我一生做事，总是第一坦白，第二坦白，第三还是坦白。”傅雷胸襟坦荡，表里如一。写给儿子傅聪的书信，不只是跟孩子聊聊家长里短，可以说，《傅雷家书》就是傅雷内心的独白。诚如傅雷对儿子所说：“我跟你是永远谈不完的，正如一个人对自己的独白是终生不会完的。”这部家书的意义，甚至超过了傅雷一家的范围。从明末渔潭傅氏起家，历经数百年，到傅雷已是第十八代，傅氏家族在“耳濡目染，不学以能”中，构筑成傲气嶙峋、刚正不阿的家风。

傅雷的儿子傅聪与傅敏，继承了父亲的严格与母亲的慈爱，两兄弟的性格并不相同。傅聪不拘小节，他房间里的所有箱子经常敞开着，这里放些话梅，那里又放着别的东西，却有着父亲敏锐的艺术审美，天马行空，无所顾忌。傅敏是个敏感的人，做事认真细致，颇有傅雷风范。傅雷在上海江苏路住过的老房子，傅敏亲手反复绘制图纸描述原来的陈设，哪些是放巴尔扎克原著的书架，哪些是放父亲译著的地方，他和聪哥的床在哪里，三角钢琴放在哪里……他都记得清清楚楚。

傅雷一家四口人的不同性格，造就了四个人不同的一生。

第一章

渔潭自古有家风

在横贯南汇东西的北四灶港的西端，有一段叫张家湾，张家湾北岸有着一处处村庄。那里不乏像金馥堂、东新宅这样庭宇轩昂的“宅堂门第”“绅富之家”。居住于斯的人家绝大多数姓傅，世称渔潭傅氏。

第一节　傅氏源流

傅姓是中国的古老姓氏，一说源于上古，以国为姓。据《国语·郑语》记载，今山东枣庄涧头集镇曾有一诸侯国，叫偪阳国，为商王朝彭国陆终第四子求言之封地，为妘姓国，与楚人同源。《春秋穀梁传》中作“傅阳”，也是包山楚简中的“鄅国”。据《左传》记载，襄公十年（公元前565年），晋与诸侯之师联合伐偪，苦战后灭偪阳。偪阳被灭后，故地被割于宋国，部族迁于晋地。此后不久，楚国又帮助偪阳人于上蔡鄅亭、鄅乡复国。该地人民便有称傅阳氏的，后省文简化为单姓，傅氏、复氏、阳氏，世代相传至今。

二说源于官位。西周时期官吏太傅，后以官职称谓为氏。太傅，亦称师傅，为帝王的辅佐大臣和老师，掌管礼法的执行和颁行。各公爵、伯爵诸侯国亦设有太傅之官位，为中央王朝的巨擘之一。三国时期的曹魏，始为各封王设置师傅一名。晋朝时，因避晋武帝司马师之名讳，去“师”，单称“傅”。此后，“师”与“傅”之称皆存在。在历代太傅、师傅、傅、师、太师的后裔子孙中，皆有以先祖官职称谓为姓氏者，称傅氏，世代相传至今。仍有一传说，以西周时期官职傅御为傅氏源流。傅御，两周时期辅佐王政之官称，与冢宰（太宰、宰相）地位相同。

然而，渔潭傅氏并不属于上述傅氏。此一脉傅氏原姓姬，是黄帝后裔。远古时期，黄帝有个裔孙，叫大由。大由是唐侯丹朱之子，他曾被封于傅邑之地。大由之后傅说（音同“悦”），商代名臣。商王盘庚迁殷（今河南安阳）后，商朝便逐渐昌盛起来。但盘庚之后的两代商王无甚作为。高宗武丁继位后，一心想重振商祚。一天晚上，武丁梦见一个叫说的人，认为他就是理想中的辅佐之臣。次日，他请人画了那人的画像，令群臣四处寻访，最后在傅岩（今山西平陆）找到了他。此时他正与许多奴隶修筑土墙。大臣把他请到殷都，武丁一看，果真是梦中所见之人。两人交谈甚是投机，说帮助武丁兴邦治国、修政德行。交谈后，傅说作《说命》三篇，武丁遂拜说为相。后天下大治，史称“武丁中兴”。武丁让说以傅为姓，称其为傅说。傅说的后代以傅为姓，奉傅说为傅姓始祖。

傅氏始祖辅佐殷商武丁安邦治国，创造了历史上有名的盛世“武丁中兴”，留下了千古不朽的《说命》三篇。武丁尊他为“圣人”，历史上人们敬他为“天神”“梦父”和“天策星”，歌颂他的人格魅力和突出贡献。傅说也许从没想到，自己的后代也秉持着高尚不屈的精神与严谨治学的魅力，在中国历史上留下了绚烂篇章。

明代，在今上海南汇惠南镇约15公里的西北方向，有一处傅家宅。傅姓门庭众多，主要集中在东西两端，于是便有东傅家宅和西傅家宅之分。

傅家算得上当地的第一大姓，西傅家宅向南不到20米的张家湾，河面虽不怎么开阔，但它西折北弯，可通向号称“小上海”的周浦镇，再北弯西折向前流去，就能抵达春申江畔的大上海滩。

渔潭傅氏久居海角，以诗礼传家，继承了先祖才华横溢、安邦定国的优良传统。一世庆公，原籍海盐（今浙江嘉兴）。明永乐年间，倭寇屡犯浙江边境，为躲避祸乱，举家迁至海邑四团（今上海奉贤）之滨。传闻庆公家庐依傍大树，故称之“大树傅”。庆公之后在此居住数世，傅家枝繁叶茂，人口不断增加。传至高祖显公，有一天他突然幡然意识到，海滨虽是鱼盐之地，物产丰饶，但是各种事务纷纷扰扰，终究不适合傅氏子孙久居，于是重新择地修建居所，于沈庄之东、四灶之北，建了一栋全由茅草覆盖的房子，故有“草楼”之名。过了数十年，一王姓村民多次烦扰傅家，还烧了草楼，显公之后昌公，遂迁居“草楼”之西。此地地势较低，故称之“田肚傅”。

从此，傅氏以“耕读相延”，传家十二世。随着傅家枝繁叶茂，后世子孙出现分家的现象。一世庆公至三世昌公，傅家皆是一脉单传。昌公生四子，傅铖、傅鑑、傅镗和傅鍄。傅铖生七子。早期的渔潭傅氏大部分还是族人生活在一起，东郊、西墅、泊父瞻天公三兄弟时分了家，有的分迁了出去。他们分家后的居所仍围绕着六灶四团。当时六灶四团附近姓傅的人家，都属于同族。

傅氏对后世子孙要求严格，有凡“吸毒、嫖娼、出家者”等均属触犯族规，其人不得列入家谱。傅氏家规有二十字箴言：

广德志善彰，忠良万世昌。

圣贤仁义学，恭敬信乃祥。

诚如二十字箴言的要求，傅氏家规从房屋、衣服、饮食、田产、奴仆、佃户、钱漕、取租、账目、待人、处事、嫁娶、祭祀、承祧、择业等多个方面，对族人进行约束。例如，房屋要常清扫，保持整洁；衣物贵在洁净，毋华丽；饮食要节俭，勿豪奢；等等。

在待人接物上，针对不同性格的人，傅氏家规要求不可一概而论。对待宗族乡党，宜“和”；对待亲戚朋友，宜“义”；对待蜜饯砒霜之人，宜“疏”；对待嫖赌者，宜“绝”；对待讼师、打手之流，宜“貌敬而心远”；对待奴仆婢女，宜“庄临而蓄”。总之，要以平静谦恭之心对待他人。在处事上，面对难以解决的困难，要与家族朋友中有见识且正直之士相商，以求万全。娶妻嫁女宜选品行端方者，年龄不宜太早，因为年幼，兴趣志向未定，不能担负责任。傅氏子弟成家立业，牢记“起家由于勤劳，而败业伏于惰游”。倘若子孙幼年不教导而骄纵之，那么长大之后必定不思进取。傅家子弟五六岁开蒙，学至十四五岁，如果孺子可教，那么对其严格教导，精进仕途，其他的或教其务农耕种，或教其工商执业，因材施教，随其志力而为之。

晚清鸦片流入中国，对中国戕害严重。傅氏家规明确规定，家中父兄应注意教导子弟识别和远离坊间或镇上吸食毒品的游手好闲之徒。面对嫖娼、赌博的后辈，家中父兄叔伯，要将他们拖至祠堂教责，邀族中长辈当面训斥之。教导那些沾染恶习的子弟，吃烟嫖赌决不可沾。在祠堂中跪罚训斥，是为了激其羞耻愧疚之心，教导他们明辨是非。除了惩戒，子孙不肖入匪类或为人仆者，要削除其名，以儆效尤。

正是因为有赏罚明晰的家规，傅氏子孙有规可依，即便世态炎凉、家境落寞，傅家人也决不为奴为婢；纵使威逼利诱、软硬皆施，傅家人也依然秉持傲骨嶙峋的刚正性格。傅雷一家便是如此。

第二节　父冤入狱愤离世，寡母严教出高杰

傅炳清是傅雷的祖父，在清道光年间家境殷实，坐拥四五百亩土地，30多间房子，算得上当地一家大户。其岳父曾在苏州府衙为官，傅炳清在当时小有名望。他修建新宅，总共36间。建筑为老式平房，建筑质量与内部结构颇为考究：厅前院内有迎客亭，客厅上悬有堂名匾额，并有名人落款题书；侧门头上行书雕刻名作。同治元年（1862），还未竣工，因战乱被迫停工。如今房屋院落有些残缺，但主屋依然坚固，尚存32间。房屋虽在，但早已易主。1932年卖给了本族傅荣奎，连同屋内物件，作价4000元。传闻傅荣奎在清理屋舍时，还意外地发现一笔财富。用这笔钱连续买了60亩土地，甚至将原客厅上写的“金福堂”匾额取下，换上了“颐年堂”新匾。至1949年，傅荣奎已拥有土地百亩。

傅家也是大户人家，门前的张家湾边，设置有护院的岗亭，常有家丁看守；宅后的河汊上，停靠着专用的船舟。傅炳清生了两个儿子。长子傅

傅雷的父亲傅鹏飞

胜婚后多病，所分家产几乎被变卖荡尽。次子傅鹏飞在傅炳清病逝后，继承了尚有400多亩的土地、房产等家业。

傅雷的父亲傅鹏飞，虽然资产丰厚，但他不图守业济家，生活恣意飘然，家业便开始有些衰败气象。后因结交不慎，家业衰败。那时傅雷才4岁，在周浦镇扬洁女子中学任教的父亲，因土豪劣绅诬陷，被捕入狱，在牢中受了三个多月的折磨。出狱时已身染痼疾，虽经多方医治，仍心中郁结，最后在疾病与悲愤中离世，年仅24岁。

傅雷的母亲李欲振，出生于南汇西门城内，身材娇小却端庄秀丽，贤淑能干，极有主见，人们皆尊称她为鹏少奶奶。她为人开朗，知书达理。傅鹏飞去世时，傅雷还未足4岁，她也只有24岁，但她从此终身孀居。傅雷原来有两弟一妹，由于母亲忙于救助父亲，无暇照顾，年幼的弟妹相继夭折。在短短的一年之中，傅家连失四口，这种精神压力，对一个妻子和母亲来说是何等的悲痛！傅雷父亲去世后，母亲悲痛欲绝，在这艰难时刻，她看着哭啼不止的傅雷，心想一定要将他抚养成人。

她要闯过这一难关。在这个节骨眼上，她做出一个决定，“不只要守住仅存的家业，作为一家人今后生活的物质基础，还要把唯一的儿子训诫成龙”。面对这样的人生选择，李欲振带着傅雷，还有奶妈母女俩、一位账房先生和一个老佣人，离开了傅雷的出生地，搬迁到西去10多里外的“小上海”南汇县周浦镇东大街居住。她托付账房先生帮助管理家业，账房先生按她的意思礼貌待人，从不为难佃户。周浦镇东大街有一所曹家宅院，西半宅长期空闲，坊间传言那房子“闹鬼”，主人家也整天提心吊胆，有意接纳一户房客做伴壮胆，可是一直无人敢去租住。傅雷母亲对此类谣言传说并不在意，或许以为这里的情境更适合孤儿寡母的生活，便租了下来。

傅雷母亲李欲振与童年傅雷

傅雷在曹家院内住了下来，母亲为他的学业做出了安排，由账房先生教他读书写字。到傅雷7岁的时候，母亲便请来了私塾先生斗南公，在租借的一间厢房内设案授课。傅雷和五六个孩子一起，跟着斗南公念起了子曰诗云，之乎者也。

四乐堂传人傅斗南

傅家老宅西侧，有一座建筑结构颇为讲究的四合院，名为金馥堂，也被叫作傅三房。这里就是傅雷的出生之地。在金馥堂的正北，是一座气势雄伟的府邸，俗称老宅，其正厅名曰四乐堂，亦称老厅。

在老厅旁边的次间，曾经住着一位四乐堂的传人，名叫傅斗南。傅斗南，号鹤亭。傅斗南在1900年的科举考试中，考中贡生。他不爱仕宦之徒，也不善经商之道，在家族中招收子弟，开馆授业。他应傅雷母亲之邀，成了傅雷的启蒙老师。小学阶段教过傅雷的苏局仙老师称："傅雷师从傅斗南，在文史方面打下坚实的基础。他的学业成就早就超过了所在班级的同龄人。"

私塾的学习生活是枯燥而乏味的。先生正襟危坐在那里，案桌上放着一把戒尺。今天，先生教下一段"孟子见梁惠王"，第二天，学生们就得照背无误。若有差池，免不了受到打手心的惩罚。跟别的孩子相比，傅雷受的是双倍的惩罚。因为课堂就离自己家不远，白天先生教书时，母亲往往坐在一旁，手里做着针线活，眼睛却观察着傅雷的一举一动。一旦有所怠慢，母亲便会惩罚。每到晚上，她都会让傅雷背书，傅雷稍有背错，她都能当场指出，一直到傅雷背得烂熟，毫无错误为止。

寡母严教出高杰。傅雷从小念书非常用功，做事认真，但毕竟还是个孩子，难免有些顽皮打闹，每当这个时候，母亲便会对他进行极为严厉的管教。在旁人看来，甚至有些不近人情。一次，傅雷玩耍的时间长了些，母亲一气之下，竟用包袱皮将他紧紧兜起，拎到河边，好在邻居们及时赶到，母亲才没将他扔进水里。冬天的深夜，一次傅雷温习功课有些倦怠分神，母亲在铜板的方孔中塞上蜡烛头，点燃后，将它贴在傅雷的肚脐眼上。一滴一滴的蜡烛油滴到傅雷身上，他被烫得一个劲地哭喊着"救命"。隔壁曹家女主人听到哭声，走了过来，一看这等场景，吓得目瞪口呆，她从未见过一个母亲如此残酷地"虐待"儿子，便责怪傅雷母亲："鹏少奶奶，你可不该对孩子下手这么狠啊，难道你想整死他吗？"傅雷母亲流着眼泪说道："这小鬼全不体谅我的一片苦心，只想玩耍，读书不能刻苦，我要用蜡烛烫掉他的油性，叫他以后变好，知道用功上进。"曹家女主人又劝道："那也只能慢慢地引导才是啊！孩子总是孩子嘛，不能这样苛刻地要求他。一天天长大起来了，他自己会懂得用功的。何况大官本是个聪明好学的孩子嘛！你就他一个孩子，这样做，有个三长两短，那还了得！你真不该这样啊！"

天下的父母，没有不爱儿女的。傅雷母亲信奉"棍棒底下出人才"，傅雷从小受到的严苛管教，固然在傅雷的成才道路上起到了独特的作用，却也使他失去与其他小伙伴一起玩耍的童年。从小没有兄弟姐妹的陪伴，又日夜被母亲严格束缚在课桌上，孤独的傅雷养成了孤僻甚至乖戾的性格。以至于当傅雷有了两个儿子——傅聪和傅敏时，傅雷的教育方式完全承袭了他的母亲，他严格规定孩子能做什么和不能做什么，丝毫不能逾越。两个孩子也继承了傅雷和李欲振外冷内热的性格，都怀着一颗炽热的内心。

后来，傅雷念了小学，上了中学，在学校屡因"顽劣"被开除。母亲为傅雷可谓操碎了心。傅雷参加了进步学生运动，当时所在的上海大同大学附中校长吴稚晖扬言要逮捕他。母亲闻讯，当即赶来，把傅雷带回了家。这下傅雷再也无法念书了。但是，傅雷母亲目光远大，心胸开阔，竟变卖家产，供傅雷赴法留学。

1927年岁末，法国游轮"昂达雷·力篷"号徐徐驶离上海黄浦江码头。傅雷母亲在寒风中，远远注视着即将远行的儿子，心里百感交集。傅雷赴法国留学四年，母亲在四年中盼着儿子学成归来。傅雷也没有让母亲失望，四年间，他在巴黎大学学习文科，又常去卢浮美术史学校旁听。从此，奠定了他毕生从事法国文学翻译的基础。

后来，人们在探讨傅雷的成才之路时，普遍认为傅雷的母亲不是一个寻常女子，而是一个极具主见和智慧的人。她把全家从一个落后闭塞的小渔村搬迁到繁华开阔的镇子上，这对傅雷今后的人生道路和事业上的成就，无疑是关键性的一步。她过人的胆识和魄力，为儿子找到了一个安静的生活环境，免去了族人的种种干扰，为儿子将来读书提供了一个良好的环境。

母亲的欢喜

暑假归来，母亲就对我说起要到N城去吊丧的话，她说：K表伯死了，你既在假中，不去似乎说不过去。不过天气这般热，这般远的水路，你虽然去，我总很担心，……当时的我，心弦颤动了。N城中，K表伯的同宗，不是有个她吗？母亲正替我担忧，我正庆幸这个好机会呢！坐船是我最怕的一件事，尤其是四五十里的长路，这赤日当空的天气！可是为了求得一些精神上的愉快，就是牺牲些肉体的健康，也是值得的！

三四天后，母亲很高兴地告诉我，说她刚才从一个亲戚那里得了一个好消息：K表伯的开丧期改了，那时你校里必已开学，不用去了。真好运气！……我也安心了！……怪不得他们的讣闻至今还没有来，……

当我听到……丧期改了，我顿时懊恼起来，满怀说不出的惆怅，可也不便十分显露出来，只茫然地顺口说了一句：“唔，怪不得讣闻至今还没来。……”

母亲是欢喜极了，可是她的纯洁的爱子之心，又哪里会梦想她儿子的别有怀抱的同她相反的心。

哟，母亲的欢喜……

第二章

千磨万击还坚劲，任尔东西南北风：傅雷的一生

傅雷手中的笔，可以说是沟通中法之间的文化桥梁。他把大量法国文学作品译成中文，给中国文学界带来了浪漫的微风。

生于艰难，死于危世。傅雷的一生磨难坎坷，却没有磨去他的一身傲骨。他在生活中刚正不阿，不忘赤子之心，从未停下手中的笔，书写着铁骨铮铮的人生之路。

第一节　傅雷的童年

1908年4月7日，傅雷出生于江苏省南汇县周浦镇渔潭乡。傅雷原名恕安，亦可作怒庵、怒安。“怒安”取意于《孟子》中的“文王一怒而安天下”。据刘海粟回忆，傅雷原名“恕安”，因上学时同学念错别字，将“恕安”念成“怒安”，他也就照此改名。傅雷小名“大儿”，取自《三国志》祢衡对曹操问“大儿孔文举”之句，按当地对长子的俗称习惯，又叫“大官”。

然而，怒安还没叫上几年，他又改名为雷。南汇张愚若老人在1985年7月回忆傅怒安改名傅雷的经过：

> 怒安约在15岁左右，改名雷，以怒安为字。查起名之因，以我正在热衷篆刻，其时正做客君家，工具随身。怒安以此为请，篆彼名字，并合拟一单名。我两人共认怒安两字，取义于《孟子》“文王一怒而安天下”之句，俗谓大发雷霆之谓怒，我提议以雷为名，

如是名与字可相得益彰，君欣然从之。此改名之由来也。即日为其作引二方，一白一朱，仿印人赵叔体，当时自以为颇具雅趣。

傅雷自印的稿纸上，署有“疾风迅雨楼”。不论名“雷”，还是“怒”；不论署“疾风”，还是“迅雨”，都极具鲜明地体现了他刚烈的秉性。

傅雷11岁之前的教育，都是其母请私塾先生来家授课。母亲家教很严，傅雷从小亦十分刻苦。傅雷做事认真，从不草率苟且，他性格的养成离不开母亲的教诲。但孩子毕竟是孩子，面对母亲的严厉管教，傅雷还是淘气。有几次，母亲以为他贪玩，耽误了功课，便用绳子将他捆绑在桌子腿上，要他面对着父亲的灵牌认错悔过。在那个迷信的时代，这种惩罚方式可谓严厉至极。有一次，恰好是父亲的祭日，供桌上摆满了各种供奉的食品，还有几杯代酒的糖水。摆好供品后，母亲有事离开了。等她一走，傅雷便拿起供桌上的供品吃了起来，糖水也喝了不少。平时念书，一看母亲不在，他就念出新花样。书上的“孟子见梁惠王……”经他一念出来，变成了“孟子见梁惠王，一块铺絮换两块糖”。有时傅雷用绳子缚住双脚，学独腿人走路，在院子里蹦来蹦去。诸如此类的“闹剧”太多，母亲对他的前景便有些心灰意冷，甚至绝望了。有一次，她拿起绳子要上吊，想一死了之。曹家女主人和奶妈苦苦相劝，母亲哭诉：“生了这种管教不好的儿子，我还有什么脸面活在这个世上呢？倒不如随他爹一起归天了为好！”母亲的举动，对傅雷心灵的震撼是巨大的。从此之后，傅雷便认真读书学习了。

11岁，傅雷进入周浦镇小学。离开了管教严厉的母亲，傅雷在求学路上，结识了一群活泼好动的伙伴，调皮捣蛋的性格再一次充分显露出来。

傅雷母亲李欲振（左二）、傅雷姑母傅仪（中）和傅雷（右一）

翌年，他进入上海南洋中学附小，不久就被校方以“顽劣”开除。13岁，傅雷进入上海教会学校，在徐汇公学读初中，开始学习法文，三年后，因反对宗教遭到开除，改入上海大同大学附中。

据傅雷在徐汇公学时的班长胡毓寅回忆，徐汇公学是现在上海徐汇中学的前身，当时是一所教会学校。学生全部住校，一个月只许回家一次。每次回家，要由家长填写卡片，亲自来领，方可离校。上午8点走，下午5点必须返校，不然就会受到处分。

当时的徐汇公学地处法租界，主课是法语，每天要上两节法语课，傅雷在这里学习了三年。校长是一位意大利神甫。在学生中，教友与非教友是分班学习的。这里的学习生活严肃而紧张，起居都有严格的时间安排，教学与生活环境也是法国的风格。早上起床后，洗漱完毕，学生排队到自修室自修。7点多，进入食堂用餐。监学坐在食堂的高台上，摇响铃铛，学生方可坐下吃早饭。早饭必须在限定的时间内吃完，监学一摇铃，学生便要赶紧排队上操场。晚上自修至9点，熄灯。宿舍是一个大房间，一人一床，监学也一起住。每人上床后，把帐子挂好，接着把一根木棍压在帐子外面。早上一醒来，第一件事就是把木棍放在地上。这样，监学一看棍子位置便知道你已经醒了。

傅雷从小就耿直，对朋友知无不言，常常当面指出缺点。但了解傅雷性格的人，都不会对他计较半分。对老师，他也不会盲从。教会学校的老师有两类：一类是世俗的，一类是修女或神甫。不论是谁，傅雷有不同的意见，或认为他们讲得不对，就要与之争论。不争辩到对方肯定他的说话有些道理，决不罢休。他的“傅”姓，用法文拼写为“Fou”。有一次，胡毓寅等几个同学，将“傅”的法文拼写译成了fool（傻子）并以此用作他的绰号。傅雷听后，火冒三丈，几乎要和他们拼命。

徐汇公学是一所教会学校，要念《圣经》。傅雷用激烈的言辞，公开反对宗教信仰。初中未正式毕业，他就被学校开除了。这与他刚直的性格分不开。看不入眼的事，就要讲出来；看不惯的，就合不来。

被徐汇公学开除后，1924年，傅雷转入大同大学附中。一次偶然的机会，傅雷在学校的墙报上看到一篇作文。他一口气看完，酣畅淋漓，不能自已。这篇作文的作者叫雷垣，作文中谈到了他的身世——自幼父母双亡，度日如年。傅雷并不认识雷垣，他打听到雷垣的宿舍，上门求访。傅雷紧紧握住雷垣的手，介绍了自己不幸的身世。

傅雷与雷垣一见如故，傅雷竟把行李搬过来，与雷垣同住。相似的身世，使他们很快结为知己。傅雷搬过来才几天，雷垣便领略了傅雷的脾气。他们经常对一个问题产生不同的见解，但傅雷激动起来，脸红脖子粗，大有“疾风迅雷”的气势。于是，二人便反目，不再理会对方，各自上床休憩。翌日醒来，傅雷的怒气早就烟消云散，连连向雷垣道歉，反而弄得雷垣有点不好意思。

二人相处久了，傅雷仍然不改火爆脾气，常与雷垣发生争执。但雷垣已熟知傅雷的为人：直如竹筒，纯如水晶，急如燃眉，热情如火。

自幼刚正不阿的傅雷，随着年龄的增长，见识愈发丰富，愈发表现出不安分的个性。尤其到大同大学附中的第二年——1925年，傅雷在震惊中外的“五卅”惨案中，目睹了帝国主义屠杀中国同胞、同学和友人遭到巡捕毒打的情景。他和同学们走上街头，示威游行，演讲呐喊，控诉帝国主义的血腥暴行，激发民众的爱国热情。第二年，北伐战争不断取得胜利，大同大学附中的学生们开展了反对学阀的斗争，被称为“大同风潮”。傅雷和同学姚之训，是掀起这一风潮的带头人。大同校董吴稚晖下令逮捕他，傅雷母亲闻讯赶来，为了儿子的安全，硬把傅雷拉回家。

少年求学的傅雷，性子激进。但在上海徐汇公学求学的几年时光，对傅雷影响最大。徐汇公学当时处在法租界，法语是主课。傅雷后来从事法国文学的翻译工作，就与徐汇公学有莫大关系。因参加学生运动被母亲抓回家的傅雷，后续的学习让母亲忧心。虽然被母亲抓回家中，但与同时代的多数进步青年一样，傅雷一直关心着时代的风云诡谲。

那个春天，形势急转直下。随着革命力量的迅速发展，国内外的反动势力躁动不安，加紧了镇压革命的活动。4月12日，蒋介石在上海发动政变，捕杀共产党人，在全国范围内制造白色恐怖。在这种社会情势下，傅雷已对这种学习环境感到失望。这些年，傅雷始终没有找到一个可以读书学习的环境。经过反复考量，傅雷决定出国留学。

寡母爱子心切，变卖家产，让傅雷赴法留学。她对傅雷说："只是你数年来在国内的操守，千万不可丧失啊！"傅雷怀着一颗赤子之心，一直伴随着他的一生。他热爱祖国如同爱着自己的生命，他牢记临行前母亲的教诲，甚至教育自己的孩子时，也嘱托他们始终不能忘记自己的"根"。一个人有一个人的气质，一个国家有一个国家的性格。一个家庭在延续的过程中，形成了自己独特的风气。它隐匿于家族成员一举手、一投足间。"忠贞爱国，刚直不阿"——这就是傅氏家风的一部分。

尽管傅雷在徐汇公学念过三年法文，但所学尚浅。他带着一本《法语初级读本》踏上了去往法国的游轮，与中国青年洪永川同住一舱。船经过西贡，一位安南青年上船，他说得一口流利的法文。他俩便向安南青年学习，每日学习法语一小时。一个月后，船抵法国，傅雷已经会用法语进行一般会话了。他的法语进步飞快，令那位安南青年惊讶不已。

赴法途中的信

我想到动身前三夜的母亲的谆嘱告诫。她自从答应我去国的时候，在凄惶的允许的言辞中，已满蓄了无限的期望勉励之意。其后在一个半月的筹备期中，见到我时，终提起那悲痛激励的话头。到临走前之夜，更是满面纵横着泪水的致她那最热烈、最急切的希望！在断断续续的哽咽中，泣诉她一生悲惨的命运的，最后的曙光！啊，母亲啊！我那时是如何地感泣，如何地郑重应承你那再三的一句话："你数年来在国内的操守，千万不可丧失啊！"啊，母亲！我数年来的流浪颓废的生涯，只在死气沉沉、苦闷窒息中待命；你却还以为我说有嗜好不会，游荡是我的操守呢！母亲啊，你这句话真使我心底的泪泉奔涌！我更想到十六年来母子二人相依为命的环境。国家多故，生活堪虞，母亲以一屡经患难之身，何能再受意外之激荡？此五年啊，五年，母亲！我实在有些放不下你！我家风雨飘摇的危期，是由你，母亲啊，撑持过去了。然而环伺我们的敌人，又怎保得不乘此罅隙，再来袭击！而且，你素性坚强，些许小病，从不介怀，伤风咳嗽，永不延医。尚记得，你有几次卧病了，还力拒服药；直到你要我服药，我以你也须延医为条件时，你才勉许。这五年中怎保得病的恶魔不来侵扰，天气的轻变不使你感冒呢？母亲啊，这些，这些，凡是我所不能放怀的，你统不放在心上，你竟不坚持地允许我的远离，数万里的远离！你竟不踟蹰地答应我的长别，四五载的长别！你只是鉴于父亲前车覆辙，而再三再四的叮嘱我"交友啊，要好好当心！"更进一层的你三番二次的对我说："如果你去后发见你身体不好，或是有什么不惯时，你应立刻归来，切不可以重洋跋涉，一无所得，羞见父老，而勉强挣持！儿呀，你千万要听我这话！……"说时你是声泪俱下了！母亲啊，你竟是没有了你自己，只有你儿子一人了！你的世界里，你是早已把自己和父亲同时取消了！现在的你是只为我而生活着，母亲啊，你的爱啊！你的伟大啊！你的无微不至的爱啊！你的真诚彻底，无目的的爱啊！

我更回溯我渺小而短促的二十年生活中，除了前四年是被父亲母亲共同抚育教养之外，其余的十六岁都是母亲啊，你一手造成的！你为了我的倔强，你为了我的使气，你为了我的无赖，你为了我的嬉游，这十六年中不知流过几千万斛的眼泪！尤其是最近几年，更常常为了一些小事和你争闹，竟闹得天翻地覆，不得开交。所谓大逆不道的事，我都闹过了。我只为你爱我而束缚我而反抗，而怒号，而咆哮。我几次演成家庭的悲剧！你都曾极忍辱的隐忍了，容纳了。你还是一心一意把你的每滴血都滴到我的血管里，你还是一心一意把你所有的精液灌到我每个纤维里！母亲啊，你之与我，只有宽恕！只有原宥！只有温纯的爱抚！你一切的抑郁呜咽，只有在夜静更深的时候，独自听得的！……

然而母亲，你十六年的心血的结晶的我，负了这般重大的使命而在大海中彷徨，而在黑暗中摸索；坚定确定的观念，隐隐中又已起了动摇！母亲常说我“心活”，母亲，我的确有些心活！然我不得不心活啊！我的心真是在怎样的压迫之下呦！

我更想到上船的一幕。你泪眼晶莹的上汽车，你眼见一生的唯一的曙光的儿子，将要像断线的鹞子一般独自在天际翱翔，独自在海边觅食了。慈母的企念永不能有效力，殷勤恳挚的教育再不能达到！你竟把你的泪血的交流培养长大的孤雏一朝撒手了！母亲，我能想到你那晚汽车中的流泪，比我痴立街头靠着炳源不住抽烟的泪还要多；我更可想到这十几天来的你的午夜梦回，你的晨鸡唱觉，比我的离愁别梦，比我为海病凄惶，更要苦楚悒郁达到万倍！

五年啊，五年啊，母亲！这五年的一千八百多的长夜，你将如何的过去啊？

母亲，你是有失眠症的。往往夜里做活，到半夜过后才上床，到了三点一响便醒，再起来点着灯独坐做活的光景，现在复在我眼前憧憬了！

母亲，你是有脚气病的。往往白天多走了路，夜里便要脚肿得穿不上鞋。行前我回家的几天，我仍是这般的大意，后来从家里出来上汽车时，那忠恳的女佣偷偷地郑重地说：母亲这几天又在脚肿啊！母亲，我再三托叔父陪你看医生，不知现在实行了没有？医生的诊断如何？医生查验的报告如何？不妨吗？无害吗？……

我更想到母亲的多劳：无论乡间的打架吵嘴，或是族中的纠葛讼事，都要诉到我母亲跟前来。甚至学校募捐，穷人写愿，无一不要来烦扰母亲。然而，母亲为了我，已够把她的生命的活力消耗了，更还有什么余暇，什么精神来管这许多闲事？我出门前，拜托族中的长老说："母亲年事渐增，精神渐衰，族事有诸长老主持，乡事有里正绅士评判；老母何能，敢来越俎，谨乞代为婉辞声说谢却！"不知他们已否谅及苦衷？更不知诸乡人能否曲谅，不再上门诉说否？……

唉，……我想到母亲的事，真是写不完，说不尽呢！我的心更如何放得下！我竟忍心开口要求她允许我的远离，我竟忍心真真的舍弃了她而上路！我更不知自爱地在大海中彷徨！……母亲啊，我的罪孽，将要和你的至爱永古长存了！

傅雷在法国学的是世界美术史，据雷垣回忆，傅雷在国内时，就喜欢美术。1931年雷垣从大同大学附中毕业后，便去了音乐学院，与丁善德、贺绿汀是同学。傅雷不会画画，却对画很有研究；不会弹琴，却对音乐很在行。傅雷研究外国文学，对中国古典文学也有很深的造诣。

傅雷的童年是不幸的，父亲早逝，弟妹早夭，寡母含辛茹苦将他养大。为了傅雷的学习，母亲从乡下搬到上海，租别人不敢住的“鬼楼”，把家产交给账房先生打点，亲自监督傅雷学习。从私塾到中学，傅雷没少让母亲操心。性情顽劣不羁，脾气急如狂风骤雨，开除、转学经常发生在傅雷身上，但母亲从未放弃过他。如果说，疾风迅雨是傅雷性格之天然，那么，做事从不草率苟且离不开母亲的悉心教诲。

第二节 远赴法国求学

刚到巴黎的几天，傅雷与同行的郑振铎等人饭后无处可去，便到卢森堡公园随便走走。巴黎的天气不好，阴沉沉的，整天见不到太阳。公园中巴黎人其乐融融地休息，孩子在身边游戏打闹，勾起了傅雷对母亲、家人和祖国的想念。当晚，他写了一封信：

> 我是一个没有兄弟、没有姐妹的孤零人——有时有的，可是都跑向我未来的世界里去了！——所以从小见了亲戚中兄弟姐妹的行辈，于我终觉特别亲切。在我遇到可爱的小孩，又常有一种巴不得他（她）便是我的弟妹的妄想。今天见了他们，更不禁突然想起我国内的若妹、觉妹弟、小妹妹三个仅有的小朋友来！我同他们在一起时，常恨终不能扯掉大人的假面具，——虽然大人里面还嫌我脱不掉小孩气，——和他们入于忘形陶醉的境界。这眼前的不相识的小朋友，又增加了我无限的怅惘。黄金时代的乐园，终于没有我的

份儿了！甜蜜快乐的童年幻梦，终于渺远了！所仅有的小朋友，五六年后，也都跑出了儿童的世界；自己呢，不消说也愈沉到成人的梦的深渊里去了！每次寒暑假，和他们欢聚的情形，天真烂漫的愉快喜悦，真是恍如隔世了！

傅雷从上海出发，直到到达巴黎的途中，连续写了多篇旅途见闻，共15篇，名为《法行通信》。这些文章发表在1928年一二月的上海《贡献》旬刊上。《法行通信》不是傅雷第一次公开发表的文章，早在两年前的1926年，年仅18岁的傅雷就曾在《北新月刊》上发表小说、散文。《法行通信》的价值不单是记录了一个留学生漂洋过海的经历，更折射出那一时代知识分子的心路历程。

到了巴黎并不意味着能马上进行学习，傅雷的法语不好，仍需要前往法国西部贝底埃补习法语。贝底埃是法国13世纪修建的一座古城。经过几个世纪岁月的洗礼，留下了古色古香的街道。傅雷的目标是进入巴黎大学文科学习。为了便于学习，他寄宿在一位法国老太太家中。这个老太太既是傅雷的房东，也是他的法语老师。她教傅雷发音和会话，教授的方式是天天找傅雷聊天，随时纠正和讲解。傅雷还请了另一位法语教师，专教课本和文法。在贝底埃学习半年之后，傅雷以优异成绩考入梦想中的巴黎大学。

巴黎大学是欧洲最古老的大学之一，来这里的留学生形态各异，不单肤色不同，年龄差距也很大。有朝气蓬勃的年轻人，也有白发苍苍的老人家。

傅雷进入巴黎大学后，一边主修课程文艺理论，一边还去卢浮美术史学校听讲。除了上课，他还积极结交文化艺术界人士，并经常到巴黎和南欧众多的艺术馆、博物馆参观，以扩大自己的知识面，增加感性认识。他还实地考察过许多艺术圣地，去感受欧洲千年以来的艺术氛围。从他初次接触当时法国最伟大的作家罗曼·罗兰开始，他便深深地爱上了音乐。这为他后来在艺术和音乐上表现出的独特见解与较高的艺术鉴赏力打下了坚实的基础。为了不断训练自己的法文，傅雷开始试着翻译一些法国文学作品。在巴黎的第一年，他便译出了都德的短篇小说和梅里美的中篇小说《嘉尔曼》。傅雷一边上课和听讲座，一边去艺术馆看画作，同时阅读大量美学、美术史和音乐理论方面的著作，很快显现出善于分析和鉴赏的能力。他也常自己绘画、作曲、练琴，刘海粟看到他的作品后，对他说："怒安，你不要把时间再花在创作实践方面了，还是潜心研究美术理论、美术史吧！那同样可以成为出色的学者。"

听了好友的建议，傅雷除了翻译，便开始潜心钻研画理、乐理，以提高自己的鉴赏力。傅雷在法国留学期间，刘海粟、朱光潜、庞薰琹、刘抗等一大批在未来中国文艺界崭露头角的年轻人，他们"有时在咖啡馆里一坐就是几个钟头"，讨论文学艺术的问题。位于巴黎市中心的卢浮宫博物馆，就是他们经常光顾的场所。那里收藏着大量世界上绝无仅有的艺术品，从古代的埃及、希腊，中世纪的欧洲，15世纪的意大利，16世纪的法兰德斯，17世纪的荷兰，18世纪的西班牙，一直到19世纪的法兰德斯，都有标志性的艺术珍品。他们一边欣赏作品，一边讨论。傅雷就是在这样一种氛围下，开启了文艺评论生涯。

傅雷的第一部美术批评文章《塞尚》，发表于1930年10月出版的《东方杂志》上。他说："真正的艺术家，一定是时代的先驱者，他有敏慧的目光，使他一直遥瞩着未来，有锐利的感觉，使他对于现实时时感到不满，有坚强的勇气，使他能负荆冠，能上十字架，只要是能满足他艺术的创造欲。至于世态炎凉，那于他更有什么相干呢？在这一点上，塞尚又是一个大勇者，可与特拉克洛瓦照耀千古！"

1930年一个偶然的机会，傅雷前往比利时，饱览了比国的艺术。他感叹道："比利时这样小的国家，办了这样大的博览会（比利时独立100周年纪念博览会），为小国扬眉吐气。可是，我们中国却办不起来……"傅雷的爱国热情一下子涌现出来，他是多么渴望祖国富强起来啊！

傅雷在来到巴黎之后，实地考察了欧洲西部的艺术馆、博物馆，参观了博览会、艺术展。在反复观摩的过程里，他逐渐形成了自己的艺术观念。他要利用来法国的机会，不断沉浸在艺术的氛围中，不断潜入艺术境地的深层中，不久，他便产生了前往意大利的念想。

1931年，刘海粟的一幅《卢森堡之夜》被法国政府收藏，德国法兰克福大学中国学院邀请刘海粟前去讲学。一起留法的中国同学十分高兴，认为这是一次为国争光、展示民族自尊心的机会。因此刘海粟赴法期间，傅雷随之前往意大利。

傅雷搭乘火车于1931年3月23日进入意大利。这片土地曾培育出无数像达·芬奇、米开朗琪罗、拉斐尔那样的艺术家。想到这，傅雷就兴奋得睡不好觉。在这里，傅雷见识到了达·芬奇崇尚古典艺术的人文主义，体悟到了米开朗琪罗把艺术视为同上帝的创造，理解了拉斐尔创造出的文艺复兴作品的典雅、优美。傅雷感动于米开朗琪罗那种只有经受住了无数的痛苦和磨难，才能创作出不朽艺术的精神，所以傅雷回国后，便开始进行对米开朗琪罗事业和有关传记的翻译工作。

这次意大利之行，除了罗马，他还游览了那不勒斯、西西里岛，结识了不少当地的杰出人士。他还应意大利皇家地理学会和罗马扶轮社的邀请，为他们讲授国民军北伐、北洋军阀斗争的相关内容。讲稿经过整理，以《十字路口的中国》（*La Chine au carrefour*）为名，发表在《精神生活》（*La Vie Intell ectuelle*）1932年1月号上。1931年8月，傅雷与刘海粟夫妇结伴归国。这时，傅雷已经在法留学4年。就这样，傅雷登上“香楠沙号”轮船，向着日思夜想的母亲和祖国归来。

第三节　文章千古事，得失寸心知

1931—1933年：在“上海美专”教授美术史。

1935年：任中央古物保管委员会编审科科长，以专员名义前往洛阳考察龙门石刻。

1939年：任国立艺专教务主任。

1945年：与周煦良合编《新语》半月刊。

以上是傅雷回国以来曾担任过的公职履历。

1931年9月，年仅23岁的傅雷从法国归国之后，便被刘海粟聘为上海美术专科学校办公室主任。当时这所学校会集着国内第一流的人才，如早已闻名中外的教授黄宾虹、张大千、潘玉良、庞薰琹等，年轻的人才如蒋兆和、杜镜吾、娄师白、汤凤美等。在这样一所人才济济的学校中，年轻的傅雷被聘为办公室主任，可见刘海粟独特的眼光和傅雷不一般的学识。除了日常行政工作，傅雷还主教两门课：美术史和法语。

初来乍到的傅雷没少给刘海粟惹出乱子。一天，傅雷与刘海粟一同来到学校，他见长廊上挂着一幅画，眉头紧皱，说道："这画没有创造性，才气少，收掉！"工友立即收掉了这幅画。这一幕正巧被画的作者俞剑华撞见。刘海粟觉得有些尴尬，为了缓和气氛，便介绍傅雷与俞剑华认识。俞剑华先生年长傅雷14岁，已颇有名气。刘海粟向俞剑华解释傅雷的脾气秉性，俞剑华却平静地说："傅先生这个人，脾气虽有点儿古怪，心很好。其实我们昨天就见过面了，他说他看过我的讲稿，认为我没有本领，只会抄书。这是当面说的。我很佩服他的直率爽快。要是说老实话，抄书我也不会，为了怕出笑话，连古文的标点都不敢随便用，只用圈。傅先生对我那样评价，已经是过奖了。他的话，对我是一种鼓励。我要先用功学会抄书，免得辜负傅先生的期望。"说完，便上课去了。

等俞剑华一走，刘海粟把傅雷骂了一顿。此后，每当刘海粟回忆起这段往事，都由衷钦佩俞剑华的气度。他说，当时俞剑华说出那番话时，决不是一时的客气，而是出自内心的至诚。此后，傅雷与俞剑华常有来往，甚至成了好朋友。每当俞剑华有文章发表，定会先拿给傅雷指正。

傅雷工作勤勤恳恳，教书也是条理清晰，又有独特的个人见解，学生们都非常喜欢听他的课。"九一八"事变爆发后，学生要求上街进行抗日宣传活动，傅雷同意学生们上街宣传，但要求不能荒废学业，晚上必须把落下的课补齐。一天下午，傅雷正在给学生上课，学生会骨干成家和、赵丹等几人闯进教室，责问傅雷为什么不放学生走。傅雷解释说，下午的课提前上，还有20分钟下课，请他们不要打扰。有的同学有些不耐烦，便与傅雷争吵起来。混乱中，杨志荣打到了傅雷。后来，同学们专程开了欢迎会向傅雷道歉，恳请傅雷原谅。傅雷参加了欢迎会，与学生和好如初。

1933年9月，傅雷母亲病逝。他以回乡料理丧事为由，辞去上海美专的教职。傅雷在1957年7月16日发表的《傅雷自述》中解释了辞职的原因："因（一）年少不学，自认为无资格教书，母亲在日，以我在国外未获得学位，再不工作，她更伤心；且彼时经济独立，母亲只月贴数十元，不能不自己谋生；（二）刘海粟待我个人极好，但待别人刻薄，办学纯是商店作风，我非常看不惯，故母亲一死即辞职。"

傅雷最后选择做翻译，跟他的性格分不开。他是一个非常激烈的人，他觉得自己最适合躲在书斋里做翻译。20世纪50年代的前五六年，是傅雷翻译工作的巅峰时期。这期间，他将法国文坛巨匠罗曼·罗兰、巴尔扎克、伏尔泰、梅里美的名著，呈现给广大的中国读者。除重译、出版了巴尔扎克的《高老头》、罗曼·罗兰的《约翰·克利斯朵夫》外，他还新译并出版了巴尔扎克的《贝姨》《邦斯舅舅》等多部作品，以及梅里美的《嘉尔曼》《高龙巴》、伏尔泰的《老实人》《天真汉》《查第格》，还有其他7篇法国文学作品，奠定了他在当时中国翻译界尤其是法国文学界的地位，被人们尊为巴尔扎克作品权威翻译家。诗人毕朔望将傅雷与玄奘、严复、伍光建、鲁迅等相提并论，还用"大汉风神只此鲲"这句诗来称赞他。

写给罗曼·罗兰的信

大师尊前：

大作《名人传》三部，现已译竣，祈允予付梓出版是幸。此请提出稍迟，盖因译作未完，迄无把握也。

先生关于三大天才著作，已哺育千千万万青年，谅各现行语言早有译本，中译实着手已晚。其中原因，容弟子追述一二，俾先生知愚以何等感动感恩之情从事移译哉。

曩者，年方弱冠，苦闷之中，贾舟赴法，迅即笃嗜夏朵布里昂、卢梭与拉马丁前辈之作品。其时颇受浪漫派文学感染，神经亦复脆弱，不知如何生活为好。无论漫游瑞士，抑在比国修院小住，均未能疗治此种烦躁之情绪。偶读尊作《贝多芬传》，不仅嚎啕大哭，如受圣洁之光照临，突然精神为之一振，如获新生之力。此实余感情生活中之大事。尔后，又得拜读《米盖朗琪罗传》与《托尔斯泰传》，受益良多。

鉴于此番经历，愚曾发愿将此三传记译成中文，期对陷于苦恼中之年轻朋友有所助益，以此等青年在吾国亦为数不少也。后因种种缘故，直至去年十一月方始属笔，并于近期完成。

再者，促成其事者，尚有另一想法。先生当知中国人之性气心理，自有传统。道德之追求，亦与世界其他民族殊异。吾国历四五千年而未借任何宗教之支持。孔子倡导中庸，主张克己，尤宜顺乎天道。老子揭示文明之欺诳，诋斥虚伪尤力。遵循孔子遗训，吾国人民安于平宁、勤劳、欢洽之人生，知足常乐；受老氏之影响，贤人智士大率洒脱高蹈，超尘出世。既无强行信奉严竣宗教之事，亦无率然听命于万能上帝之举，是为吾人之所不堪忍受者也。

然此种黄金时代已成往昔。欧风东渐，时事遂多变化。吾国人民既不能效法受孔老思想熏陶之先辈对危险之激情预加防范，亦不能如欧洲基督徒投身于狂热之中，待解脱之际显示更伟大更完善更纯洁之面目，于是精神平衡因之丧失，不溺于激情而浑然陶然，却陷入麻木而无所作为。

而贝多芬以其庄严之面目，不为摇撼之意志，无穷无极之勇气，出现于吾人面前，实予我辈以莫大之启发。至于米盖朗琪罗，以其意志与才力不称，此种悲剧命运于吾国则鲜闻矣。

若托尔斯泰，其不抵抗主义值得我辈深长思之。读尊作《托尔斯泰传》之前，愚曾怀有幼稚之梦想，自谓欲阻止内战，良策莫过于不纳税，不当兵，用兴办实业之法，一举取消失业与军队。士兵做工，收入既丰，人身亦得安全，何乐而不为耶？彼等雇佣兵，为糊口而甘冒镝矢，实堪怜悯。待将军手下无部卒，如欲作战，请其自上前线，免使无辜百姓送死，岂非“勿以恶抗恶”之不抵抗主张乎？

至于托翁致辜鸿铭函中所言，焉能长此以往而不思更张？中国有何效法之必要？此场人间惨祸，对欧洲各国创巨痛深，而且劫难未已，中国自不难避免。须知种田耕地，乃最好之营生！元帅回顾一九〇八年远东之行，认为中国人乃最勤劳、最淡泊、最平和之民族，身体耐力亦强于世界上任何民族。各种气候，俱能适应，且饮食有节，消费甚少，而出产甚丰。即使加恶于人，无论在中国本土抑或域外，也从不抵抗，而最后之胜利属焉！元帅以菲律宾与荷兰东印度公司所占地区之中国移民为例，称虽受不平等法律之压抑，与夫欧洲官员之苛待，复被本国政府所遗忘，但彼等均能逆来顺受，埋头苦干，善于从当地汲取滋养。（各该国之贸易命脉均入华人掌中）元帅作结云，中国人不能，也不必有组织，“无组织”更胜于“有组织”。中国无需发展实业，步近代文明之后尘。而应于体魄与道德方面保持本色，日后才能脱出困厄，因不抵抗之效用，实胜于诉诸暴力。

加维里亚元帅是否托氏弟子，不得而知，其信念当基于参加欧战时之个人观感。元帅直视余为中国新一代数典忘祖之代表欤！其责难之辞使愚思维再三，类乎今日译毕托翁传而掩卷深思也。

此类想法，杂然胪列，加以法文表达欠佳，甚以为歉。区区愿借此函，获先生之教益。先生乃当今人类一大星辰；先生所言，犹之乎托翁之于上代人，实为先知式预言。

倘蒙赐覆，并允予权充代序冠于拙译之前，诚不胜欣慰。缘此得与先生通信，更将引为幸事。特先致谢意，并请接收此一远方弟子之敬意。

傅怒安顿首

一九三四年三月三日

傅雷是一个非常严谨的人，每天把自己锁在书房里，潜心翻译作品。在傅雷家工作多年的保姆周菊娣说，傅雷先生每天早上8点起床，9点到12点半工作，下午2点又坐在书桌前，7点才吃晚饭。晚间看书，写信至夜深。这么多年，他一直笔耕不辍。傅雷的挚友楼适夷这样评价他：

傅雷艺术造诣是极为深厚的，对古今中外的文学、绘画、音乐各个领域都有极渊博的知识。他青年时代在法国学习的专科是艺术理论，回国以后曾从事过美术考古和美术教学的工作，但时间都非常短促。他总是与流俗的气氛格格不入，无法与人共事，每次都半途中绝裾而去，不能展其所长，于是最后给自己选择闭门译述的事业。

傅雷将“文章千古事，得失寸心知”作为座右铭，以极其严肃的态度从事文学翻译。在新中国成立之前，傅雷曾译过《托尔斯泰传》，可是新中国成立后他便不愿意再版了。他说：“我看过托尔斯泰几部作品呢？我不该这样轻率从事的。”即便这本传记的作者是他最为熟悉的罗曼·罗兰，他也不曾轻率重译。在翻译《高老头》的时候，他说：“《高老头》还是在抗战时期译的，1952年已重译一遍，这次（1963年）是第三次大修改了。”面对疑惑的地方，傅雷不敷衍，不马虎，总是一遍又一遍地修改。他常常写信给法国的友人请教翻译的问题，弄明白了再在稿纸上写。在翻译《约翰·克利斯朵夫》的时候，傅雷正值肺病复发，体力不支。这部长达百万言的巨著，他从1936年开始翻译，直到1939年译成，花费了3年时间。20世纪50年代初，他又花费近两年的时间重译这部著作。

傅雷为了译好一篇自己喜爱的作品，在开译之前，他不只将故事、情节记得烂熟，分析透彻，人物形象必须在脑子里活灵活现，对隐藏在字里行间的微言大义有所渗透，要能从总体上把握原作的风格。

傅雷的翻译作品是一流的。他多年研究法语、钻研文学，为了精准地表达，他经常向各行各业的朋友请教与原作内容相关的生活知识。在国内解决不了的疑难，他便求助外国文学界的专家学者。胡毓寅与傅雷早在徐汇公学和巴黎大学时就是同学，在谈到傅雷的治学态度时，胡毓寅说道：

“傅雷翻译巴尔扎克作品，遇到其他有关法律的文字，就来问我。如法院的诉讼程序、诉讼制度、公正制度、检查制度、陪审制度、破产制度、遗嘱与赠予的区别、禁治产、事务所的盘进等，在书上往往只是一两句话，傅雷却翻来覆去地非把它搞清楚不可。他将译稿有关的部分单独摘录出来，让我帮助整理疏通，还要我书面写给他相当于旧中国六部中的什么东西。再不清楚不满意，他就写信到法国寻求答案。”

为了翻译得顺畅，力求译笔更加生动活泼一些，他甚至钻研过老舍的《柳家大院》、赵树理的《三里湾》、康濯的《春种秋收》等语言文字上深受读者喜爱的文学作品，并专门写过相关文章。一译定稿，再不修改，这对傅雷来说是办不到的。他说：“翻译工作做得好，必须一改再改三改四改。”伏尔泰的短篇小说《老实人》，他改过八遍；长篇小说《高老头》，译过三次；像《约翰·克利斯朵夫》这样多卷本的巨著，也经过了初译本和重译本两个阶段。在反复钻研中，他“越对原作体会深刻，越是欣赏原文的美妙”，就越觉得自己的译文“远远地传达不出原作的神韵”。于是，他便更加督促自己要精益求精、反复磨炼了。

傅雷主张精读原文，认为囫囵吞枣、穿凿附会、望文生义无法把握原作的含义与韵味，是万万不可取的。若一字一句地读解对译，死的字面或许顾及到了，但全作的神韵又遗失了。同一段法文原文，机械地字面上翻译，所表达出的情感，也是生硬晦涩的。例如：

> 他对着喜剧歌剧院的头等楼座里的女性，正着领带子，摆着神气。在这种陆续不断的传习中间，他脱掉了他的白木质，扩大了他的生活领域，终于了解到那些构成社会的、人间阶层的积累。如

果说他在一开始是叹赏者，那些在绚烂的阳光中，在相泽离纪，成行成行的马车的话，他马上就达到对那些东西眼热的地步。

工作中的傅雷

而傅雷对同一段的译文是：

他正了正领带，向歌剧院三楼楼座里的女人搔首弄姿。在社会习俗的熏染下，他脱了壳，扩大了人生视野，终于品摸出社会各阶层的复杂迭复的关系来。阳光灿烂的日子，他开始欣赏香榭丽舍大道上辐辏成行的马车，很快就眼红了起来。

傅雷所说的翻译上的神似神韵，既就原作内容的传达而言，也指对原作风格的体现。很显然第一段译文，“把原文抠得很准，岂不知这里越准确越糟糕。……一笔抹杀了真正要文学翻译工作者必须译出的字里行间的模糊真神。无视这种模糊真神，一切语言都只能成为生硬、僵死的东西”。而傅雷的翻译，他“一贯提倡要‘神似’，不要形似的傅雷，真可谓把文学翻译的实质看透了”。

作为一位翻译家，傅雷在中国文坛赢得了崇高的声誉，除了极佳的译文质量和自成一家的译文风格，依靠的是高品位的选择标准和对读者高度负责的态度。

第四节　精诚无间同忧乐，笃爱有缘共死生

每一个幸福、和睦的小家庭，都与夫妻之间性格上的互补、刚柔并济分不开；而兴趣上的志同道合，更使得夫妻之间有说不完、聊不尽的话题。刚烈的傅雷与温柔的朱梅馥结为夫妻，既是上天的安排，更是傅雷努力的结果。她是傅雷的贤内助，虽然傅雷出版的500万言的作品中，并没有她的名字。可是没有她温柔体贴的悉心照料，傅雷也无法在文学上取得那样的辉煌。著名学者钱锺书的夫人杨绛先生说："梅馥不仅是温柔的妻子、慈爱的母亲、沙龙里的漂亮夫人，不仅是非常能干的主妇，一身承担了大大小小、里里外外的杂务，让傅雷专心工作，她还是傅雷的秘书，为他做卡片，抄稿子，接待不速之客。傅雷如果没有这样的好后勤、好助手，他的工作至少也得打三四成的折扣吧。"

傅雷与朱梅馥，既是自由恋爱，又是母亲做主。在傅雷赴法国留学那年，他便与她定亲。那年，傅雷19岁，朱梅馥14岁。

朱梅馥比傅雷小5岁。1913年2月20日出生于江苏南汇县县城里。当时正值寒冬腊月、梅花盛开的季节，取名梅福。在与傅雷结婚时，他嫌“福”字庸俗，改为“馥”。梅馥，有梅花之扑鼻芬芳，也暗含陆游《卜算子·咏梅》中“无意苦争春，一任群芳妒。零落成泥碾作尘，只有香如故”之意。

年轻时的朱梅馥

朱梅馥的父亲朱鸿，清朝秀才、地主，后来以教书为业。母亲杨秀金操持家业。朱梅馥还有三兄一姐，她最小。

朱梅馥的祖姑母也姓傅，与傅雷家有点关系，可以说朱梅馥算是傅雷的远亲表妹。傅雷母亲的娘家与朱家是邻居，傅雷从小与朱梅馥一起长大，可谓青梅竹马。特别是傅雷到上海念中学、大学时，寒暑假常住在姥姥家，与朱梅馥经常见面。见不到面，更是想念。

一个影像

烦躁的摇纱童子（我乡称一种夏夜的虫名）的叫嚣，夹入轻灵的织布娘子的声音，以梭，亚梭，倒很清脆，正如雨后初霁，淋湿的小鸟，在树叶中伸出头来，舒气时的歌声，可也只是声声地织成了我烦闷和怅望的情绪。

近来每天都觉得寂寞和烦闷，做事不高兴，只是痴痴地胡思乱想。灯下呆坐，便隐约地闪过一个影像：

大概在二年前的一个新年吧！我正在N城。

她娇憨地依着她的父亲，微倚着，正端详着我。无意间突然叫了我一声："哥哥！"我受宠若惊地应了一声，正见她痴痴地笑了，自然的面庞上泛起微红，自然地也微微地垂下，身体也更靠紧她父亲一些，一双尖锐逼人的眼珠，还直射着我；怯着的我，立刻败退了，——顾左右而言他。

这真是一般少女的天真诚挚的爱情自然的流露，赤裸裸的，热烈的，圣洁的，由内心的，而正的的确确地在两年前的新年里的某一天，坦白地展现在我的面前；而又正隐隐约约地，若有若无地，时时重映在我的心板上。在脑海中屡现屡灭！

"回忆，哪堪回忆！"而这神秘的回忆，却竟是这般甜蜜！

以举目无亲的我，多愁多感，彷徨歧途，正像一叶扁舟，孤独地翻腾漂泊于惊涛险浪之中。一刹那间，电一般的闪过，正发见了彼岸，遇见了救星，一刹那，只有一刹那！可是已付与我的，是如何深切的慰安！

她，的确是一个活泼可爱的女孩子。她是我的表妹，不知道是何缘故，我一见她便觉恋恋，而她对于我，也时有依依的表现，就那天的情景看起来，而且我还发见过好几次，她在偷偷地望我，因为好多次我无意中看她，她也正无意地看我，四目相触，又是痴痴一笑。

她的性情，母亲是深知的，赞许的。她常常说："M真乖！什么礼性都懂得，……""娶媳妇真不容易！Z家的几位小姐，哼！一天到晚，躲在房里，……T家的M便不然，在家什么事都会做都肯做……而且又爱读书。"

春假归家，母亲提及K表伯母——M的婶婶，——要替我俩人作伐的话。母亲的意思，想等疏通好了对方的表伯，让我俩通通信，试试两人的脾气合不合；我呢，虽不希望早婚，但一颗漂浪无定的心，总须有个安顿，有个归宿。

我对于她的认识，还在她幼小之时，怕只五岁吧！因为那时我也只有九、十岁。可也不过略一认识，并未注意过，直至前年重逢，才惊见她亭亭玉立的光艳的容姿，娇憨而又活泼的天真。我不会描写，我更不愿描写。我这颗热跃的心倾注的情，也让它变成烦闷和怅惘。

真不幸，K表伯突于端午后死了。K表伯母哀毁逾恒，当然一时不能想到那无关紧要的做月下老的事了。

尤不幸！K表伯的丧期改了，我俩一会的机会，都会绝望。夜深了，还是梦中去吧！悲欢的事，一总向梦中去寻觅吧！

朱梅馥秀丽端庄，性情温和。她懂得英文，纤纤长指能够把贝多芬的《命运交响曲》弹奏得行云流水。她先在上海教会学校裨文女校念初中，后在另一所教会学校晏摩氏女校念高中。在当时，女子拥有高中文化，已经算是相当不错了。

“朱家姑娘文静。”傅雷母亲早早便看中了朱梅馥。傅雷自然不必多说，“郎骑竹马来，绕床弄青梅。同居长干里，两小无嫌猜”。彼此情投意合，在朱梅馥叔叔的撮合下，由傅雷母亲做主，亲事便定了下来。

傅雷赴法留学后，二人也没有断了联系。不过，在自由浪漫之都法国，傅雷却有了一次惊天动地的爱情风波。本来见陌生人都腼腆沉默的傅雷，竟与一名叫玛德琳的法国金发女郎坠入爱河。

傅雷挚友刘海粟这样回忆傅雷这段爱情风波，“事情发展到难以收拾的地步，傅雷硬要我帮他做一件棘手的事”：

他写了一封长信给他母亲，说明应该婚姻自主，并说他经过反复思考，决定推掉和表妹的婚约。但是他又没有勇气自己去寄，要我代寄。信交给我后，他又把信要回，在上面加了“儿在异国已有意中人”这么一句话。但过一会儿，又要涂掉这句话。事隔一天，他又来问我：“信寄出没有？”我怕他再纠缠，便说：“已经寄了。”他听了一怔，然后颓然辞去……

一天，玛德琳突然赶来告诉我们傅雷企图自杀的消息，说他“突然反复无常，一会儿搂着我亲热，一会儿又说我害了他，让他们去劝劝！”玛德琳对傅雷是很迷恋的，叫他“傻孩子”，自然不愿他寻短见。但是等我们赶去，傅雷又和她打得火热了。

出人意料的是，几个月后，这一对热恋着的情人终于闹翻了。原因是傅雷觉得玛德琳对自己不忠实。很显然，在20世纪20年代末，留洋的中国青年，能接受外国女郎火一样的热情，但不能接受她们在感情上轻率和自由放任。这也许是东方青年，尤其是中国知识分子在与异国姑娘恋爱中最难接受的现实吧。

于是，多情而又专情的傅雷无法忍受。当我发现他怀里又藏了手枪，企图再次自杀时，急忙把他的枪夺了过来……

傅雷的爱情在经历两度自杀未遂之后，除了因与玛德琳分手，还感到对母亲的内疚——他给母亲写了那样一封长信，声言与表妹朱梅馥退婚，他自觉无颜面对她们。于是，双倍的痛苦，煎熬着他的内心，让他失去继续活下去的念头。

傅雷与朱梅馥的结婚照

但是，刘海粟并没有寄出那封信。这使得傅雷先是大喜，继而痛哭失声："我毕竟是写了这封信！我对不住她们！"

失而复得的爱情，让傅雷格外珍惜。1931年，傅雷在上海一家饭店举行了隆重的婚礼。翌年，朱梅馥生了一个男孩，刚出生便夭折了，这给这对年轻夫妻带来了沉重的打击。9月，傅雷的母亲因风湿去世，终年45岁。傅雷夫妇不胜悲痛，扶柩回乡安葬。1934年3月10日，傅聪降生。1937年4月15日，次子傅敏出生。

> "聪"的意思是"听觉灵敏""高度智慧"，"敏"的意思是"分辨力强""灵活"，两个字放在一起"聪敏"，就是常见的词，用以说智慧、灵敏，即"clever"的意思。

两个孩子降生，给幸福的小家庭带来了更多欢乐。

结婚后两人刚柔相济，傅雷依然经常无名地暴怒，梅馥则以她的至柔包容着丈夫的至刚，两人也算琴瑟和谐。但傅雷感情的充盈与流露不仅表现在作品中，婚后不久，一位女子的出现暂时打破了这种安定平衡的局面。这名女子是傅雷的一位非常要好的女性朋友，二人在精神上有相通之处，有一段时间，只要她不在身边，傅雷就几乎没法工作。妻子梅馥看见傅雷痛苦的样子，内心备受煎熬，她从没有埋怨过丈夫，也从没抱怨过这位女子。心病还需心药医，解铃还需系铃人。她认为只有把这名女子请到家里来，傅雷才能安心工作，于是她主动打电话给这名女子，约她来家里，傅雷的精神果然安定了下来。以后每到这个时候，她就会给这位女子打电话说："老傅不行了，没有你他没法工作。"等这位女子来了以后，她就一个人默默地躲到另一个房间里去，并适时地出来给两人端茶送水。梅馥的善良伟大和宽宏大量感动了那位女士，后来她主动离开傅雷，去了香港。朱梅馥给远在波兰的傅聪的信中，曾提到父亲傅雷的"艳遇"。她说："回想二十年前，我跟你爸爸的情形，那时你五岁，弟弟二岁，我内心的斗争是剧烈的，为了怨恨，不能忍受，我可以一走了之；可是我再三考虑，觉得不是那么简单，我走了，孩子要吃苦，我不应该那么任性、自私，为了一个'我'而牺牲了你们的幸福。我终于委曲求全地忍受了下来。反过来想一想，要是你爸爸当时也只为了眼前的幸福而不顾一切，那么，今天还有你们吗？还有我们这个美满的家庭吗？那是不可想象的。所以幸福是拿或多或少的痛苦换来的。眼前的、短时期的幸福往往种下了将来的、长期的，甚至下一代痛苦的根，这是最值得深思的。"

经历了这两段爱情风波，傅雷愈发觉得朱梅馥可敬可佩！

傅雷承袭了母亲的严厉，对孩子的教育更是严格。傅雷的严格，傅聪的顽皮，常起摩擦。妻子朱梅馥在其中经常扮演"调解委员"的角色。

傅雷一家秉持着一些不成文的家规，形成了傅氏特有的要求：

"食不语"：吃饭时不许讲话；咀嚼时不许发出大的声响；用匙舀汤时不许滴在桌面上；吃完饭要把凳子放入桌下，以免影响家中"交

傅雷与朱梅馥

通”……

傅雷是一个做事十分认真且性格非常急躁的人，所以他改名叫“雷”也不无道理的，很符合他的性格。傅雷夫妇的性格却是相辅相成，配合十分默契，几乎所有他们二人的亲友都说傅雷夫人是一位极其贤惠又性格温顺的人。如果说傅雷是那疾风骤雨般的雷雨，傅雷夫人就是一团柔软的白云。傅雷取得的成就，与傅雷夫人分不开。

傅雷爱摄影。在黄山为了拍摄如影如幻的晨雾，他一大早拿着相机寻觅最佳的摄影地点，回到上海，又自己亲手冲洗照片。他自备各种冲洗影片的仪器设备，如天平、自配的显影剂、定影剂，称药时的计量也要精确分毫。

1953年春，他曾偕同夫人与好友柯灵同游天台山。夜晚的山涧，霜露寒凉，唯他带了毛线衣。他还贴心地准备了黑枣猪油糕，放在干净的白瓷口杯里，给登山时饥肠辘辘的友人。其实早在登山的前一个月，他便与夫人一起准备黑枣猪油糕，一层猪油、一层黑枣铺好，用慢火天天蒸，蒸得又酥又烂，可见傅雷善良单纯且又缜密的内心。

傅雷总给人一种“严肃”“不苟言笑”的印象，即便拍照也难见其笑颜，但“严肃有余”的他，其实也有活泼、天真、淘气的时候。

每当傅雷翻译疲累的时候，总喜欢和夫人开些小玩笑。有一次，上海江苏路傅宅响起了敲门声。

“啥事情？”傅太太隔门问道。

“傅先生勒拉屋里厢？”门外有人用上海话问。

傅太太开门，哈哈一笑，笑声爽朗又无奈，站在门外的不是别人，乃是傅雷也！她笑了，傅雷也相视而笑。

原来傅雷在书房中写作倦了，想着起身活动，便踱步到了门口，看看信箱里有无信件，他忽然灵机一动，便演出了这么一幕喜剧小品。

朱梅馥爱丈夫，爱儿子，胜过自己的生命。面对傅雷的执拗和愤怒，她用悠悠的暗香来化解，然而，她的这种隐忍并不是慑于丈夫的威严，亦不是无原则地委曲顺从，她的胸襟如大海一般宽广！1961年10月，她在给儿子傅聪的一封信中这样写道：“我对你爸爸性情脾气的委曲求全，逆来顺受，都是有原则的，因为我太了解他。他一贯的秉性乖戾，疾恶如仇，是有根源的——当时你祖父受土豪劣绅的欺侮压迫，24岁就郁闷而死，寡母孤儿（你祖母和你爸爸）悲惨凄凉的生活，修道院式的童年，真是不堪回首。到成年后，孤军奋斗，爱真理，恨一切不合理的旧传统和杀人不见血的旧礼教，为人正直不苟，对事业忠心耿耿。我爱他，我原谅他。为了家庭的幸福，儿女的幸福，以及他孜孜不倦的事业的成就，我放弃小我，顾全大局……”

她那样地识大体、顾大局，她说：“我虽不智，天性懦弱，可是靠了我的耐性，对他无形中或大或小多少有些帮助，这是我觉得可以骄傲的，可以安慰的。”她的毕生职业，就是操持家务，却散发着“不义而富且贵，于我如浮云”的高贵与纯美。

第五节　急如燃眉，纯如水晶

一方面狂热，执着，一方面洒脱，旷达，怀疑，甚至于消极：这个性格大概是我遗传给你的。妈妈没有这种矛盾，她从来不这么极端。（傅雷致傅聪，1964年4月24日）

杨绛在《忆傅雷》中写到傅雷对自己性格的自嘲："有人说傅雷'孤傲如云间鹤'；傅雷却不止一次在锺书和我面前自比为'墙洞里的小老鼠'。……梅馥称傅雷为'老傅'；我回家常和锺书讲究：那是'老傅'还是'老虎'，因为据他们的乡音，'傅'和'虎'没有分别，而我觉得傅雷在家里有点儿老虎似的。他却自比为'小老鼠'！但傅雷这话不是矫情，也不是谦虚。我想他只是道出了自己的真实心情。他对所有的朋友都一片至诚。""傅雷爱吃硬饭。他的性格也像硬米粒儿那样僵硬、干爽；软和懦不是他的美德，他全让给梅馥了。朋友们爱说傅雷固执，可是我也看到了他的固而不执，有时候竟是很随和的。他有事和锺书商量，尽管讨论得很热烈，他并不固执。他和周煦良同志合办《新语》，尽管这种事锺书毫无经验，他也不摒弃外行的意见。他有些朋友（包括我们俩）批评他不让阿聪进学校会使孩子脱离群众，不善适应社会。傅雷从谏如流，就把阿聪送入中学读书。”

傅雷交友广泛，各行各业都有。熟悉傅雷的朋友都了解他的性格，“疾风迅雨”，脾气来得快，去得也快。所以即便跟傅雷发生正面冲突，第二天他也就忘了。傅雷对朋友一片赤诚，对工作严肃认真。他规定几点工作，几点休息，几点吃饭，都是准时的，不可更改的。连抽烟的数量，傅雷也是有限定的。谁去拜访他，事先须预约时间，而且他会声明过时不候。如果你贸然拜访，他会当场讲明：“我现在正工作，请你到另一间房子里看看书报，等一会儿再碰头。”他的书房也是不让别人随便进入的，尤其是在他工作的时候，谁也不能惊动他。与人交谈，也是有时间规定的。一次，老同学胡毓寅去找他，他们谈了一段时间，傅雷突然说：“毓寅，我下面还有一桩事情。”便请人家走了。如果是不熟识的人，或是他不愿见的，经过夫人通报，朱梅馥会告诉来人：“老傅不在家。”

傅雷家的保姆周菊娣，与傅雷夫妇共同生活了10余年。除夫人朱梅馥和几个熟络傅雷性格的朋友，周阿姨是最了解傅雷夫妇的人。周阿姨在傅家十几年，从未打坏过一样东西。傅太太常常不小心，把东西碰坏、打坏，而傅雷做事情却很细致。她说，傅雷先生爱清净，与邻居们不太接触。来傅家做客的朋友都是高级知识分子，多数都是星期天来。傅雷平时很忙，白天如果接待朋友耽误了时间，他在夜里总想办法补救回来。每天有着严格的时间规定：早上8点起床，吃早饭以后，开始工作。中午12点半吃中饭，午休1个小时，然后工作。下午4点吃面包，7点吃晚饭。晚上看书或者工作。空余，傅雷喜欢种花、练书法，爱去古玩市场。他的衣服破了，宁愿补补也不愿去买新的，却愿花20块钱买那种古董花瓶。

傅雷打桥牌时也是一本正经的，从不随便。他叫牌出牌时，常与人争吵。林俊卿、裘劭恒等几个牌友，最怕参加他的聚会。打着打着，傅雷又和人家争吵起来。有时使劲一甩手，索性将牌往桌子上一扔接着吵，吵完后继续打。

一般人只是看到傅雷的古怪脾气，朱梅馥则是看到傅雷的内在性格——他那疾恶如仇、刚正不阿的秉性和对事业的孜孜以求。她也深知造成傅雷这种性格的成长背景，所以对他乖戾的表达方式予以深深理解。当傅雷每次严苛地教训儿子、家庭氛围十分紧张时，朱梅馥总能及时充当“调解委员”的角色，同时也维护好傅雷的尊严。周阿姨感叹道：“他们俩好像前世就搭配好了似的。”

他们家的经济条件在居住的巷弄里算是差的，每月开支有计划，每月48元伙食费，买什么东西都要记账。傅敏有了女朋友小×之后，暑假要回家，傅雷夫妇都事先安排在计划里。

傅雷每天定时去看信箱、取信，然后在家里走一圈。每天的信很多，对于读者来信，傅雷基本都会复函。

傅聪走后，傅雷夫妇对他的那架钢琴非常爱惜。冬天，琴要包好，里面放上樟脑丸。

傅雷夫妇去世后，周阿姨仍给他们看房子。后来，他们家被查封了，才搬回自己家住。

傅雷常给人一种“严肃急躁”的印象，实际上在他“严肃有余”的背面，也有活泼、幽默的时候。刘抗回忆傅雷，有一段令人捧腹的故事。

“我新婚之夜，他趁我们酒楼宴席未散，先行潜入新房，把香粉倒在烟灰缸里，把衬衫吊在天花板上，把皮鞋挂在窗外去，把唱片藏在袖枕下……令人啼笑皆非。”

傅雷工作认真，生活中亦是如此。一次，好友柯灵去傅雷家拜访，傅雷拿出留声机放唱片给他听，留声机有一点杂声，傅雷就动手修，一直到弄好为止。1953年春天，柯灵与傅雷夫妇一起到浙江天台山游玩。天台山很高，气温低，别人没带厚衣服，只有傅雷带了。登山时，肚子饿了，傅雷就叫夫人拿点心出来吃。那是自己动手做的黑枣猪油糕。在旅行中，有的地方陡峭，上去很危险，别人不敢上去，傅雷非要上去不可。他说：“旅行就不能怕惊险，惊险的地方不看就没意思了。”

第六节　一身傲骨，不屈不挠

1957年，傅雷任《文汇报》社外主编。元旦当天，他在《文汇报》上发表了《闲话新年》，字里行间都是愉快的笔锋。同年3月4日，傅雷作为特邀代表，参加了中共中央全国宣传工作会议，傅雷与当时远在国外的儿子傅聪兴奋地谈起这次会议。“此次会议，是党内会议，党外人一起参加是破天荒第一次。毛主席每天分别召见各专业小组的部分代表谈话，每晚召各小组召集人向他汇报，性质重要可想而知。主要是因为‘百家争鸣’不开展，教条主义顽抗，故主席在最高国务会议讲过话，立即由中宣部电召全国各省市委宣传文教领导及党内外高教、科学、文艺、新闻出版的代表人士来京开‘全国宣传工作会议’。……我们党外人士大都畅所欲言，毫无顾忌。”

5月初，在邵荃麟的动员下，傅雷出任上海作家协会书记处书记。

然而，1957年夏天，形势急转。7月6日，傅雷在《文汇报》上发表题为《识别右派分子之不易》的文章。一个月后，上海的报纸便点了傅雷的名字。上海《文汇报》《解放日报》都刊载文章，点名批判傅雷。《文汇报》上，一篇名为《批判错误思想，准备反击右派——政协座谈会旁听侧写》，醒目地报道了傅雷在市政协再度受批判的情况。

当时，刘海粟一同被批判为“右派分子”。刘海粟回忆当时的情形时说：“我这个人好说话，口无遮拦，不顾上下左右的‘人际关系’，诤士之言，在某种不正常的政治气候里，便成为悖逆之言。傅雷却与我不同，他不会信口开河，更不会任意得罪人，他的毛病是清高、孤傲，不随和。……他是个诚实的君子，对党一片赤诚，讲了一些肝胆相照的话，毫无私心。”

就这样，短短一年，傅雷从党的宣传工作会议特邀代表、上海作协新任书记处书记，一下子成为上海“中间路线”的头号分子。就在这个时候，一位上海文艺界的好心人找傅雷谈话，他想“保”傅雷过关，想让傅雷服个软，暗示傅雷承认自己“反党反社会主义”，以求得“认识深刻”，免戴“帽子”。

“检讨一下，过一下‘关’吧，反正检讨是不花钱的！”友人这样暗示傅雷。结果可想而知，傅雷冷冷地说：“没有廉价的检讨。人格比任何东西都可贵！我没有反党反社会主义，我无法做那样的‘深刻检查’！”后来，友人感叹与傅雷的这次谈话，“傅雷是有个性、有思想的铁汉子、硬汉子，作为知识分子，他把人格看得比什么都重。他不认为错误的东西，是不会检讨的。他不会口是心非”。

1958年4月，上海作协整风，傅雷被打成“右派分子”。

傅雷与朱梅馥

傅雷被打成“右派分子”的那天，归家很晚，一向脾气温和的傅雷夫人，心急如焚。她深知“无罪无辜，馋口嚣嚣”，被诬陷冠上罪名的傅雷受不了那样的冤屈。她担心，怀着无比愤恨的傅雷会拂袖而去，离开人世。

夫妻二人在书房中黑灯对坐，沉默不语。过了许久，傅雷长叹一声，说：“如果不是因为阿敏还小，还在念书，今天我就……”

当傅雷被错划成“右派分子”的消息传到远在波兰留学的长子傅聪耳中，傅聪决定“出走”。

傅聪的“出走”对傅雷又是一次沉重打击。祸不单行，傅雷翻译的巴尔扎克的《塞查·皮罗多盛衰记》，寄到人民文学出版社后，被束之高阁。翻译作品无法出版，意味着失去了经济来源。对以翻译为业的傅雷来说，这一打击更是雪上加霜。

无法出版既不是原著的问题，也不是翻译的问题，而是来自傅雷头上那顶“帽子”。

“改个名字，用笔名出书吧。”出版社这样建议傅雷。傅雷生性淡泊，若是平常，用笔名出版也无妨。但是现在，傅雷知道无法出版的真正原因是自己是个“右派分子”，出版社不敢冒险。要让傅雷改名换姓，他坚决不干。他宁可不出书，也坚决不改名。

人民文学出版社副社长兼副总编楼适夷曾讲述道："全国解放后，傅雷译书最早由平明出版社出版。1952年我在东北抗美援朝部队由中宣部调令回北京进入人民文学出版社，便亲赴上海，与傅雷订约，其译书全归'人文'出版，并作为特约译者，经常预先支付优厚稿费，以保证他的生活。""1958年，（傅雷被）划为'右派'后，除过去已出之书照常重印外，照规定'右派'不能出书。我们请示中宣部，据指示要傅雷继续译书，但新出的须改名。但傅雷回绝。"于是出版社内部商定，一面仍请傅雷译书，并按规定支付稿酬，一面将稿压下，准备他摘帽后出版。这样的积稿，很多很多……

这段时间的傅雷，停止了全部工作，周煦良等几个朋友常去看他。为了减少他的苦闷，周煦良送了好些字帖，傅雷竟研究起碑帖来，整天整天不出家门。朋友们对傅雷闭门不出的蛰居生活很担忧，怕他脱离时代与社会，不利于身心健康。傅雷听了朋友的劝告后竟大发雷霆，就此还与周煦良断绝了交往，直到摘帽以后，才恢复以往的关系。另一位好友楼适夷见他沉迷书法，来信称傅雷是"借此逃避现实放弃更重要的事"。傅雷见信后大为恼火，立即用严厉的言辞给老友复了这样一封函：

> 惟与阁下合适之帽子未必与他人合适。此种粗浅道理，不值一提，抱逃避态度之人，即使办公事也会逃避，否则哪里会有老油子；不会逃避之人，对任何事情都要追根究底，得出一些结果来。所谓天下事皆学问，无一处无学习资料。而学问皆是对人民的贡献——不是直接便是间接，不是眼前便是将来……

书法为我国独有之艺术，阁下仅仅认为“钻研书法原非坏事”，研究艺术不过是“原非坏事”；岂中央与地方有成立书法研究团体之意，仅仅是做一些“原非坏事”之事欤？如此态度对待艺术，不图出之于贤者！弟愚陋，窃以前后八月时间（半日译事之暇，半日医嘱停工三月，以免视神经继续衰弱之际），深索吾国书法发展、书法美学之美学根源，并于绘画史作比较研究，对整个文化史有进一步的看法，初步轮廓自不免谫陋错误，但非高明之处，固此种工作乃是旷时度日，逃避现实也。愚衰病余年，五八年迄今，力疾工作，不过译书六十余万言，在“大跃进”洪流中，诚为老牛破车，落后之至，与阁下作者等身走马万言相比，实觉汗颜；惟扪心自问，尚不至为“雕虫小技”，流连忘返不务正业，“借此逃避现实放弃更重要的事”，不知何所据而云然？不知亦曾调查研究？二十年老友如此看待古人，想必不肖无状，有以招致。弟因冥顽不灵，朽木难雕，但同时亦反映，阁下未能知己知彼百战百胜，故对弟难收说服教育之效。……

倘罪人还可抬起头向老友提一点意见的话，希望阁下脱产学习之时万勿脱离实际；特别要经过一番调查研究，庶可人情对象，对症下药。……弟虽在江湖，忧时忧国之心未敢后人；看我与世相隔，实则风雨鸡鸣，息息相通，并未脱离实际，爱党爱友之心亦复始终如一。兄本鸿鹄，何至以燕雀论人，斤斤于形迹绳墨之间？党内有阁下一等骨干，原是人民之福，社会主义事业之幸，故敢披沥肝胆，本责贤者之义，惟阁下日日新，又日新，对人对众从全面着眼，处处以毛泽东思想贯彻于实践之中。

1961年9月30日，报纸上终于刊登摘去傅雷“右派分子”帽子的消息。然而傅雷脸上却没有笑容，“当初给我戴帽，本来就是错的！”

1966年，“文革”的狂风，席卷中国。

8月30日晚上11点多，傅家大门响起急促的拳打脚踢声。保姆周菊娣开了门，门外站着一群戴着红袖箍的“红卫兵”和“造反派”，气势汹汹地冲进傅家。

抄家开始了。

小花园里盛开的月季，被连根拔掉。掘地三尺，连埋在花下当肥料的鱼鳞，都被仔细排查。因为他们听说傅雷夫妇曾在小花园埋过“变天账”。其实，只不过是傅雷爱花，深夜叫夫人打着手电筒，在小花园里进行嫁接实验罢了。

傅雷写给傅聪的家信自然被当作重点搜查的目标。这些人原以为信上写的都是“三反言论”和“叛国勾当”，谁知信上都是互诉爱国之情、艺术之见。即使连家中地板都被掀了起来，也没有任何“重大发现”。

突然，阁楼里传来消息，有人说查获了傅雷的“罪证”。那是一只朱梅馥姐姐寄存在傅家多年的箱子，傅雷从未打开过。有人撬掉上面的锁，从里面搜出一面老掉牙的镜子，背面嵌着蒋介石像；从一本旧画报上，翻到一张宋美龄照片。

傅雷没有说出这是谁的箱子，他深知，一旦说出，马上会连累他人。他只是反复重申——这不是自己的箱子。

9月2日上午10点，傅雷夫妇被拉到门口，接受批判。

待到那些人离去，傅雷夫妇首先想到的不是自己所受的冤屈，而是反过来安慰保姆周菊娣："菊娣，真对不起你，害你受惊。"

9月3日凌晨，傅雷夫妇从一块浦东土布做的被单上撕下两长条，打结，悬在铁窗横框上。他们在地上铺了棉胎，才放上方凳，以免踢倒方凳时发出响声。

就这样，傅雷夫妇自缢于铁窗两侧。中国翻译界的一代巨匠，含恨离开了人世。

3日下午，朱梅馥胞兄朱人秀，赶到法院拆开傅雷夫妇最后留下的包裹，里面有傅雷的遗书以及几个信封，信封里装着钱、物。

傅雷的遗书，既是对当时极左路线的控诉书，更是傅雷夫妇高尚人格的集中写照，他们不屈不挠，泰然自若。

人秀：

尽管所谓反党罪证（一面小镜子和一张褪色的旧画报）是在我们家里搜出的，百口莫辩，可是我们至死也不承认是我们自己的东西（实系寄存箱内理出之物）。我们纵有千万罪行，却从来不曾有过变天思想。我们也知道搜出的罪证虽然有口难辩，在英明的共产党领导和伟大的毛主席领导之下的中华人民共和国，决不至因之而判重刑。只是含冤不白，无法洗刷的日子比坐牢还要难过。何况光是教育出一个叛徒傅聪来，在人民面前已经死有余辜了！更何况像我们这种来自旧社会的渣滓早应该自动退出历史舞台了！

因为你是梅馥的胞兄，因为我们别无至亲骨肉，善后事只能委托你了。如你以立场关系不便接受，则请向上级或法院请示后再行处理。

委托数事如下：

一、代付九月份房租55.29元（附现款）。

二、武康大楼（淮海路底）606室沈仲章托代修奥米茄自动男手表一只，请交还。

三、故老母余剩遗款，由人秀处理。

四、旧挂表（钢）一只，旧小女表一只，赠保姆周菊娣。

五、六百元存单一纸给周菊娣，作过渡时期生活费。她是劳动人民，一生孤苦，我们不愿她无故受累。

六、姑母傅仪寄存我们家存单一纸六百元，请交还。

七、姑母傅仪寄存之联义山庄墓地收据一纸，此次经过红卫兵搜查后遍觅不得，很抱歉。

八、姑母傅仪寄存我们家之饰物，与我们自有的同时被红卫兵取去没收，只能以存单三纸（共370元）又小额储蓄三张，作为赔偿。

九、三姐朱纯寄存我们家之饰物，亦被一并充公，请代道歉。她寄存衣箱贰只（三楼）暂时被封，瓷器木箱壹只，将来待公家启封后由你代领。尚有家具数件，问周菊娣便知。

十、旧自用奥米茄自动男手表一只，又旧男手表一只，本拟给敏儿与儿媳，但恐妨碍他们的政治立场，故请人秀自由处理。

十一、现钞53.30元，作为我们火葬费。

十二、楼上宋家借用之家具，由陈叔陶按单收回。

十三、自有家具，由你处理。图书字画听候公家决定。

使你为我们受累，实在不安，但也别无他人可托，谅之谅之！

傅雷

梅馥

一九六六年九月二日夜

遗书中没有一句为自己开脱辩解，尽是妥善安置活着的人的事务，连火葬费用都提前预付好，保姆周菊娣今后的生活也考虑周全。如此清醒、安详，傅雷夫妇的坦荡胸襟、磊落为人，令人钦佩。

生活中困难重重，我们必须不断自我“改造”，向一切传统的、资本主义的、非马克思主义的思想、感情与习俗作斗争，我们必须抛弃所有旧的人生观和旧的社会准则。（傅雷、朱梅馥致傅聪，1966年8月12日，傅雷夫妇给长子傅聪和儿媳弥拉的最后一封信）

“是非自有公论，日子久了自然会黑白分明！”

1979年4月26日，上海市文联和中国作协上海分会隆重举行了“傅雷、朱梅馥追悼会”。

柯灵在悼词中郑重宣布：1958年把傅雷划为“右派”是错误的，应予改正；傅雷夫妇平反昭雪，彻底恢复政治名誉。

长子傅聪手捧傅雷夫妇骨灰，次子傅敏手捧傅雷遗像，在庄严肃穆的气氛中一同前往上海龙华革命公墓安葬。傅雷夫妇的骨灰，在那剑拔弩张的日子里，在一位素不相识的女子和傅雷亲属、保姆周阿姨的共同努力下，奇迹般地保存下来。如今，傅雷夫妇同日离世，死后仍在一起。

第三章

外物安能乱本真，不失初来赤子心：钢琴家傅聪

他，当代世界一流的钢琴家，蜚声乐坛，饮誉中外。他的十指在黑白键上飞舞，弹奏出华美的乐章。在中国、在英国、在波兰、在南斯拉夫、在美国、在日本、在澳大利亚……优美的旋律征服了各国观众，被赞誉为“钢琴诗人”。

他，一表人才、风度翩翩，眼睛里折射出跟他父亲一样坚定、充满自信的目光。他的命运像他父亲那样坎坷，但他却比他的父亲更加开朗。

他，就是傅聪。

第一节　天才出于勤奋

1934年3月10日，傅聪出生于上海的巴黎新村。他是个天性活泼、顽皮的孩子，不服管教这一特点，显然承袭了傅雷。傅雷看着顽劣的儿子，仿佛看到了孩提时的自己。傅聪3岁之前，父子俩经常在家上演一场接一场的闹剧。

平日里，父亲在家，傅聪和弟弟格外乖巧。待父亲前脚踏出家门，傅聪便领头活跃开来。有一次，趁父亲出门，傅聪溜出去玩。正当他在玩具店看得入迷，突然听到背后有人喊“阿聪”。他回头一看，正是父亲，吓得跟掉了魂儿似的，顿时拔腿往家跑……

傅聪半周岁时与母亲的合影

小时候，最让傅聪觉得有趣的事，就是听父亲和他的朋友们谈笑风生。他们经常坐在一起谈艺术、谈音乐、谈文学、谈人生哲理，傅聪受益匪浅。不过，家里定了规矩，不许小孩子“旁听”大人谈话。淘气的傅聪偏偏不听。一次，钱锺书和杨绛夫妇来家中做客，谈笑甚欢。傅雷突然想起什么，要到外间取东西，一推门，正巧和傅聪、傅敏撞个正着。一见父亲，傅敏吓哭了，而傅聪还准备跟父亲犟嘴。后来，等他们大了一些，父亲也就同意他们“旁听”了。“旁听”的日子里，傅聪窥见了艺术殿堂的绚丽华美，那些谈话也在他年幼的心里种下了艺术的种子。

傅雷夫妇闲暇时，会在家中播放唱片，那是一台老掉牙的美国百代牌唱机，要用手摇柄摇上一阵子，唱机才能转动。傅聪三四岁的时候，站在小凳上，刚好和傅雷的书桌一样高。那时候，他就爱听古典音乐，只要收音机或唱机里放西洋音乐，不论是声乐还是器乐，也不论是哪一派的作品，他都会安安静静地听，时间久了也不会吵闹或是打瞌睡。傅雷看了心想，不管他将来学哪一科，能在一个艺术园地耕种，他一辈子都受用不尽。

傅雷对艺术有独特的见解。他说：“爱好艺术和从事艺术不宜混为一谈。任何学科，中人之资学之，可得中等成就，对社会多少有所贡献；不若艺术特别需要创造才能，不高不低，不上不下之艺术家，非特与集体无益，个人亦易致书空咄咄，苦恼终身……爱好文艺者未必真有从事文艺之能力，从事文艺者又未必真有对文艺之热爱；故真正成功之艺术家，往往较他种学者为尤少。”正是基于如此的艺术人才观，他将傅聪培养成了世界一流的钢琴家。

上小学之后，傅聪跟父亲的好友雷垣学习英语。雷垣自大同大学毕业后，念过音乐学院，后又去美国攻读数学，对钢琴、小提琴都很擅长。他发现傅聪喜欢音乐，有一对“音乐耳朵”。有一次，雷垣在钢琴上随便按一个键，傅聪没看见按的是什么键，却能说出是什么音。试了几次，都对了。雷垣把这个情况告诉傅雷，傅雷听雷垣这么说，便决定让傅聪拜雷垣为师，学习钢琴。

这天，傅聪正在跟其他孩子玩耍，忽然有人高声呼喊，家里叫他回家。回家才明白，是父亲和几位音乐界的朋友商量，让他去学琴，由雷垣教他弹琴。

开始，傅聪由保姆送他去雷垣家里学习，每星期一次。学了一年多，傅聪进步很快，但家中没有钢琴，回家就没法练习。傅雷问雷垣：“这孩子学琴究竟有没有前途？”雷垣说：“有前途，可以下功夫培养。”这才与夫人朱梅馥商量，给儿子租了钢琴，傅雷亲笔端端正正为傅聪抄录五线谱。从此，每天傅聪放学回来，一撂下书包，就满心欢喜地扑到钢琴上。

时间长了，小孩子的“三分钟热度”退了，琴声也稀疏了，走调了。傅雷在三楼的书房写作，听见琴声不对，发现儿子在偷懒，就发起脾气来，如迅雷疾雨。傅雷为了督促傅聪练琴，常常采用一些严厉的甚至不近人情的做法，父子之间常发生一些不愉快。痛骂之后，傅聪知道自己错了。等风平浪静，傅雷语重心长地给傅聪讲贝多芬的故事、肖邦的故事……

为了让傅聪专心练习钢琴，傅雷将傅聪从学校“撤”了回来。并不是傅雷已经决定要傅聪专攻音乐，而是傅雷觉得，小学的课程和学琴在家里可能结合得更好些。

傅聪跟雷垣前后学了三年，已经能够自己写曲弹奏。雷垣觉得自己毕竟是数学教授，不是钢琴教授，再继续教下去，可能会误事。傅聪9岁半的时候，又拜前上海交响乐团的创办人兼指挥、意大利钢琴家梅百器为师。梅百器是19世纪大钢琴家李斯特的再传弟子，在钢琴演奏上有极深的造诣。在他的指导下，傅聪经过三年的严格训练，钢琴技术大进。1946年梅百器去世后，他又师从钢琴家杨嘉仁先生，学习近两年。可最终还是因为傅聪私下乱弹高深作品导致傅雷大发雷霆，杨嘉仁先生觉得无法再教这个学生，傅聪又一次失去老师的指导。

由于无人可教，傅雷便让傅聪去接受正规的教育。傅聪以同等学力考入大同大学附中高中部，之后，傅聪的钢琴训练断了几乎两年。

从童年进入少年时代，傅聪也有过一阵子“浪子生涯”。这个时期傅聪对父亲有一种反抗，父母从昆明回上海，却将傅聪留在昆明学习。傅聪从12岁到15岁，常常逃学，不务正业，在昆明念书的三年里，每个学校都开除过傅聪，都是因为闹学生运动，不服从国民党军训官的管教等。这种不服管教、恣意任性的性格颇有些傅雷年轻时的风范。后来，傅聪凭

青年傅聪

借同等学力考入云南大学，那时候他才15岁。

一个偶然的机会，傅聪的同学在昆明的一个教堂——锡安堂的唱诗班唱韩德尔的《弥塞亚》，他请傅聪帮弹《弥塞亚》的伴奏。傅聪欣然同意，就这样，傅聪重新拾起钢琴，心中的音乐火花重新燃烧。就这样，傅聪打算回到上海，继续练琴。

于是，唱诗班里的同学帮忙在教堂里组织了一场募捐音乐会，他们找来抗日战争时期留下来的一本乐谱《一百零一首名曲》。教堂里放着一架美军留下来的绿色破旧钢琴，傅聪将乐谱从头弹到尾，那天的观众坐得满满当当。弹奏完，傅聪的一个同学上台作了一番演讲："我们这儿有一个年轻朋友，很有音乐才华，我们都觉得他应该去北京或上海好好学音乐，好好深造，可是他现在流落在这儿，可不可以请大家帮帮忙。"于是，就把平时做礼拜募捐用的盘子递下去，就这样给傅聪凑够了回家的路费。

有了路费，傅聪花了差不多一个多月才回到上海。回到上海，父亲见他自己长途跋涉回来，也没有向他要一分钱，认为傅聪有骨气，有志气，也有一点自立的能力，觉得傅聪真的有毅力学好音乐，便下决心培养傅聪。于是，傅聪跟着苏联女钢琴家勃隆斯丹夫人又学习了一年。在这一年中，傅雷观察傅聪的演奏，才真正认定傅聪今后专攻钢琴是有意义的。"因为他能刻苦用功，在琴上每天工作七八个小时，就是酷暑天气，衣裤尽湿，也不稍休息；而他对音乐的理解也显出有独到之处。"

傅雷对傅聪的教育是世界上独一无二的，同样也成就了独一无二的傅聪。傅聪在家学习期间，花费了大量时间在文史类科目上，英语、代数、几何等也另请了老师。语文主要是傅雷负责，他从经、史、子、集中选取富有伦理观念和哲学气息、有趣味性的故事、寓言、史实，以古典诗歌和散文为辅，用意是要把语文知识、道德观念和文艺熏陶结合起来。傅雷常对傅聪指出，“民可以由之，不可使知之”专政的谬论，也强调“左右皆曰不可，勿听；诸大夫皆曰不可，勿听；国人皆曰不可，可以察之”，也常说“富贵不能淫，贫贱不能移，威武不能屈”。在教育傅聪的过程中，傅雷从不采用直接教学法，而是叫傅聪提前准备，自己先讲；不了解的文章，也不直接纠正，而是向他提出更多的问题，让他主动发现矛盾点，再旁敲侧击地指引他，让他自己寻找答案，培养傅聪独立思考的能力和基本的逻辑思维。傅雷在1954年写给傅聪的信中说：“你别忘了：你从小到现在的家庭背景，不但在中国独一无二，便是在世界上也很少很少。哪个人教育一个年轻的艺术学生，除了艺术，再加上这么多的道德的？我完全信任你，我多年来播的种子，必有一日在你身上开花结果——我指的是一个德艺俱备、人格卓越的艺术家！”

傅聪从小就喜欢诗歌、小说、戏剧和绘画。他对美的事物、美的风景，拥有浓厚的兴趣和强烈的感受能力，能从整个艺术的意境，而不仅是从音乐的意境去感受、去体会音乐。傅雷认为，艺术家的理智必须与感情平衡。所以傅聪14岁之前，傅雷只给他读田园诗、叙事诗和不太伤感的抒情诗，但调皮的傅聪却总是偷偷看父亲的书，不到15岁的傅聪便醉心于罗曼蒂克，曾把南唐后主的词背给弟弟听。

1952年，傅聪在兰心剧场与上海交响乐团合作，演奏了贝多芬的第五钢琴曲。这是他平生第一次登上音乐舞台，此时他18岁。从此，傅聪开始了他的钢琴演奏事业。

傅聪“离家出走”

1953年正月，就贝多芬小提琴奏鸣曲哪一首最重要的问题，傅聪与傅雷发生激烈争执。傅聪按照自己的音乐感受，不同意父亲认为第九首《“克勒策”奏鸣曲》最为重要的观点，认为《第十小提琴奏鸣曲》才最重要。双方争执不下，傅雷训斥傅聪太狂妄，“才看过多少书”？而当时国外音乐界普遍认同第九首最重要，所以傅雷坚持己见。面对“疾风迅雨”、勃然大怒的父亲，傅聪决定离家出走，住在父亲好友毛楚恩家一个月。后来，傅雷的姑父去世，他觉得人生在世何其短促，父子之间何必认真，于是让弟弟傅敏接傅聪回家，双方才讲和。

毛楚恩回忆当时的情景，说：“傅聪一气之下，从家里出走了，来到我家住。当时，我家很大，有三个房间，有客厅，客厅里有钢琴。起初，傅雷夫妇不知道傅聪跑到哪里去了，非常着急。傅雷夫人连夜找傅聪，找了两三家，没找到。最后，找到我家来。傅聪却不愿意回家。傅雷夫人见傅聪住在我家，也就放心了。”

“第二天，傅雷夫人又来，送来了傅聪的生活费，并把傅雷的话转告傅聪：‘你不在家里住，可以。生活费我可以给你。不过，你在毛伯伯家，照样要练琴，一点都不能放松。’”“在我们家，尽管没有父亲监督，傅聪还是坚持每天练琴。一早起来就练。他很有意思，一边弹，有时还一边唱。有些曲子，是他自己想出来的。”

“傅雷夫人常常来，给傅聪送点吃的东西。傅雷没来，他还在生气呢。过了大概三个星期到一个月的光景，傅雷的火气慢慢消了，托夫人传话，希望傅聪回家。傅聪呢？日子久了，气也消了，也想家。于是，一天晚上，八九点钟，傅雷夫人（一说傅敏）拿着手电筒，接傅聪回家。”

傅聪鼻梁上有一道疤，是因为有一次练琴时走了神，爸爸手中有什么就朝他扔了过来。那天手里正好拿了一个盘子，所以脸就划破了。其实盘子是放蚊香的碟子。傅雷脾气急躁，对傅聪非常严格，但又充满爱心。傅雷培养傅聪，真正花了毕生的心血。父子因弹琴起争执的次数屡见不鲜，离家出走便是“闹剧”之一。

傅聪的这次演奏，引起了上海音乐界的注意。巧的是，当时北京派人到上海挑选青年琴手，准备参加1953年夏天在罗马尼亚举行的“第四届世界青年与学生和平友谊联欢节”的钢琴比赛，只有2个名额。上海音乐界推荐了傅聪参加选拔，当时要在3名候选人中选取2名。除了傅聪，其余二人都是上海音乐学院的科班生。傅雷给当时的领导写了一封信，希望把自己的儿子“刷”下来。他在信中说，虽然就琴艺而言，傅聪比另两位稍好一些，但是，这并不意味着傅聪比他们更优先。他们两位平日里在学校，要花很多时间上课、开会，而傅聪在家专心学琴。如果给他们二人更多的时间练习，一定比傅聪弹得好。这是一次难得的机会，但傅聪明白父亲的良苦用心，也做好了被“刷”掉的心理准备。

不过，傅聪最终还是被选上了。1953年7月25日至8月16日，在中国青年代表团团长、团中央书记处书记胡耀邦的带领下，傅聪和400多名中国青年一起，来到罗马尼亚。在布加勒斯特，傅聪获得了钢琴比赛三等奖。

傅聪赴波兰参加比赛时留影（1954年1月）

那年，傅聪才19岁，他对这个名次并不满足。

与傅聪一起出国参加“第四届世界青年与学生和平友谊联欢节”的还有钢琴演奏家史大正。据他回忆，傅聪在那次钢琴比赛中得了铜牌。他把铜牌摔在地上，一方面是因为他一心想得到金牌，另一方面是因为评委评奖的不公平。尽管如此，一位担任评委的苏联女钢琴家还是让学生来找到我们说：“真没想到，中国人能弹得这么好！”后来，史大正与傅聪一起前往波兰学习钢琴。

在联欢节之后，傅聪又随中国艺术团到民主德国和波兰作访问演出。他来到了肖邦的故乡。傅聪7岁半开始学习弹奏肖邦的作品，肖邦是他非常喜爱的钢琴大师。肖邦是一位爱国者，20岁被迫离开祖国波兰，客居巴黎，死时只有39岁。他留下遗嘱，请求友人把他的心脏带回祖国波兰。傅聪怀着虔诚的敬意，来到肖邦的故居。肖邦故居有两架钢琴：一架是古老的“普莱埃尔式”钢琴，那是19世纪的钢琴技师普莱埃尔为肖邦制造的，这架钢琴受到精心的保护，参观者只能站在栏杆外观赏；另一架是普通钢琴，参观者可在这里弹奏。傅聪坐在琴前，怀着对肖邦的敬仰，弹奏起肖邦的作品。悠扬的琴声，吸引了人们的注意，一个东方人，一个中国人，竟然会理解“肖邦作品的真谛”，弹奏出“肖邦的灵魂”般的乐章。

傅聪在波兰的这段时间，多次弹奏肖邦的作品，得到了波兰肖邦专家的重视。波兰政府向我国政府提出，邀请傅聪参加1955年2月至3月在华沙举行的肖邦国际钢琴比赛。我国接受了这一邀请，并同意1954年8月派傅聪前往波兰学习，由该国著名钢琴名教授杰维茨基亲自指导，准备比赛曲目。赛后傅聪也将继续留在波兰深造。

第二节　肖邦灵魂的钢琴诗人

车一开动，大家都变成了泪人儿，呆呆地直立在月台上，等到冗长的列车全部出了站房始回身。出站时沈伯伯再三劝慰我，但回家的三轮车上，个个都止不住流泪。敏一直抽抽噎噎。昨天一夜我们都没睡好，时时刻刻惊醒。今天睡午觉，刚刚蒙眬阖眼，又是心惊肉跳的醒了。昨天月台上的滋味，多少年来没尝到了，胸口抽痛，胃里难过，只有从前失恋的时候有过这经验。今儿一天好像大病之后，一点劲都没得。妈妈随时随地都想哭——眼睛已经肿得不像样了，干得发痛了，还是忍不住要哭。只说了句“一天到晚堆着笑脸”，她又呜咽不成声。真的，孩子，你这一次真是“一天到晚堆着笑脸”，教人怎么舍得！老想到五三年正月的事，我良心上的责备简直消释不了。孩子，我虐待了你，我永远对不起你，我永远补赎不了这种罪过！这些念头整整一天没离开过我的头脑，只是不敢向妈妈说。人生做错了一件事，良心就永久不得安宁！真的，巴尔扎克说得好：有些做过只能补赎，不能洗刷！（傅雷致傅聪，1954年1月18日晚至19日晚）

1954年1月17日，傅雷与家人一同在上海火车站为傅聪送行。傅聪先去北京，做好出国准备后，再前往波兰深造。傅聪走后的第二天，傅雷即写信给他。这就是后来《傅雷家书》的开篇。第一封信饱含了一家人对傅聪离开的不舍，年幼的弟弟傅敏一直在哭，母亲更是哭肿了双眼，傅雷悲伤的心情背后，更多的是自责与内疚。人在时有些话说不出口，人离开了却有千言万语。可怜天下父母心！

傅聪到了波兰，接受杰维茨基教授的亲自指导。这位教授个子瘦小，头发花白，背有点驼，表情总是很严肃，但是非常倾心这位中国学生，为了教好他，甚至开始学习英语。“杰维茨基教授是波兰最好的教授，年轻的最好的波兰钢琴家差不多全出于他的门下。他的音乐修养真令人折服。经他一说，好像每一个作品都有无穷尽的内容似的。”傅聪兴奋地徜徉在波兰的艺术魅力之中。他在给父亲的信中说：“我来这里以后，很奇怪我的技巧进步很大，我自己简直认不得了。……这儿从教授到学生，全都很赏识我，教授说我弹的《前奏曲》是全体中最好的。……他们都非常惊异于我对肖邦的理解。”“我真有点厌烦于给你们报告这些，老是自吹自擂的，真麻烦。的确我来此以后，很用功了一番。”

面对儿子“自吹自擂”地夸耀自己琴技精进，傅雷夫妇更是比谁都高兴，却也让傅聪不要过度沉浸在赞美中，更要看清自己的不足。“你的弹琴成绩，叫我们非常高兴。对自己的父母，不用怕‘自吹自捧’的嫌疑，只要同时分析一下弱点，把别人没说出而自己感觉到的短处也一起告诉我们。把人家的赞美报告我们，是你对我们最大的安慰。”“但同时必须深深地检讨自己的缺陷。这样，你写的信就不会显得过火；而且这种自我批判的功夫也好比一面镜子，对你有很大帮助。”“但是天下事有利必有弊，有长必有短，往往感受快的，不能沉浸得深，不能保持得久。”“我现在特别提醒你，希望你时时警惕，对你新感受的东西和你原来的观念、情绪、表达方式有何不同。……孩子，记住这些！深深地记住！还要实地去做！这些话我相信只有我能告诉你。”父亲的教诲和期望，时刻提醒着傅聪，决不能辜负他们，为自己和国家，还要加倍用功。

离五年一度的肖邦国际钢琴比赛开幕日越近，傅聪越是加紧练琴。手指弹破了，就包上橡皮膏继续弹。深夜，躺在床上，他还在琢磨着肖邦作品的章节句读。

第五届肖邦国际钢琴比赛，于1955年肖邦145周年诞辰如期举行。新落成的华沙人民音乐厅门前，为了得到一张音乐厅的门票，人们排着队，冒着雪在寒风中伫立等候。

大会的主席是杰维茨基教授，40位不同国籍的著名音乐家、作曲家和钢琴家组成了评判委员会，中国评委是中央音乐学院院长马思聪。比赛评判极其严格，在前两轮的比赛中，评委只能隔着帷幕听，按照演奏者的出签序号打分。直到第三轮开始，评委才可以当面见到演奏者。这一届规定参加的演奏者年龄为6岁至32岁，傅聪当时21岁，是新中国第一个参加肖邦国际钢琴比赛的人。这一届来自27个国家的比赛选手中，唯有他的资历最弱，且他不是科班出身。面对这样重大的国家比赛，傅聪有点紧张。

面对比赛前儿子的紧张情绪，傅雷信中再三嘱咐：“你别把‘比赛’太放在心上。得失成败尽量置之度外，只求竭尽所能，无愧于心，效果反而好。精神上平日也可减少负担，上台也不至紧张。千万千万！”“只要尽量以得失置之度外，就能心平气和，精神肉体完全放松，只有如此才能希望有好成绩。这种修养趁现在做起还来得及，倘若能常常想到‘文章千古事，得失寸心知’名句，你一定会精神上放松很多。”傅雷将自己的座右铭送给傅聪，父母永远是他身后的最坚强的力量。

意想不到的是，比赛前一日，傅聪由于练琴过猛，手指受了伤。

第一轮比赛开始，由于手指受伤，傅聪被安排到了最后一个。“那一天轮到我，原定中午12点。在我前面还有三个人上台，从10点开始的。我10点半去，不料前面的三个不是手疼就是生病，都不能弹。我一到，催场的人就说马上得出台。我手也冷，心理准备毫无，但我并没有慌。”

傅聪缓缓地走上台，在他面前是一架从未弹过的陌生的钢琴。那时候，由于缺乏比赛经验，不懂得对陌生钢琴要事先试弹。他的手一按，钢琴发出巨响。傅聪的心怦怦跳着，他弹得很慢，有些不稳，但好在撑过了第一场。

吃一堑，长一智。第二场比赛，傅聪沉稳了不少。他渐渐沉浸在肖邦诗一般的作品中。他忘了这是比赛，忘了台下的评委，忘了观看的观众。最终，他顺利地通过第二轮比赛。第二轮比赛中，又有21名选手被淘汰，只剩下20名进入第三轮。

3月15日，傅聪参加第三轮演奏。这一次，他不慌不忙，挥洒自如，充分发挥了自己的演奏水平，待到琴声渐渐消逝，台下爆发出雷鸣般的掌声和热烈的欢呼声。他接连三次谢幕，方才平息经久不息的掌声……

3月20日，在闭幕式上宣布获奖名单。第一名是波兰的哈拉谢维奇，第二名是苏联的阿什肯纳齐，傅聪名列第三。此外，他还荣获这次比赛唯一的玛祖卡演奏特别奖。玛祖卡是波兰民间舞曲，肖邦所写的《玛祖卡》，被认为是用地道的波兰方言写成的乐章，是肖邦作品中最难掌握的。

傅聪，终于成为第一个在国际性钢琴比赛中获奖的新中国音乐家。

当天，新华社就发布了傅聪获奖的电讯和照片。当晚8点，中央人民广播电台播出了这条消息。第二天，《人民日报》和各大报纸刊登了这一消息。波兰的《人民论坛报》刊登了评论，认为傅聪“以抒情的手法诗意地完满地表达了肖邦乐曲中的幸福情感”。南斯拉夫、民主德国、苏联、意大利、英国、匈牙利等许多国家都对傅聪赞叹不已。南斯拉夫报纸以《钢琴诗人》为题发表评论：“傅聪的演奏艺术，是从中国艺术传统的高度明确性脱胎出来的。他在琴上表达的诗意，不就是中国古诗的特殊面目之一吗？他镂刻细节的手腕，不是使我们想起中国册页上的画吗？”马思聪在《人民音乐》上刊文《关于傅聪得奖》，他说：“我这次代表中国音乐界到华沙出席第五届肖邦国际钢琴比赛会做评判，亲自看到中国青年钢琴家傅聪在比赛会上获得优胜，感到非常高兴。这次比赛会最难得的是傅聪是‘玛祖卡’舞曲奖的获得者，这个奖在全体参赛人员中只颁给一人。历届比赛中，除波兰人外只有斯拉夫民族的苏联人曾获得过。这意味着傅聪对于肖邦音乐有着深刻的体会……”

波兰人民都称赞傅聪是“最有波兰性格的中国人”！后来，傅聪回

傅聪获奖后接受波兰总统贝鲁特（左二）的接见（1955年3月）

忆比赛："音乐会完了以后，听众真是疯狂了，像潮水一般涌进来，拥抱我，吻我，让他们的泪水沾满了我的脸；许多人声音都哑了，变了，说他们一生从来没有如此感动过，甚至说：'为什么你不是一个波兰人呢？'"

傅聪牢记着父亲的教诲："遇到极盛的事，必定要有'如临深渊，如履薄冰'的格外慎重畏惧、戒备的感觉。"他自己对这次比赛成绩非常不满意，"一方面是好久没上台了，尤其在这种严肃得可怕的场合；另一方面，事先没有试一下钢琴……"傅雷对傅聪的爱，没有父亲深沉的表达，而是直言不讳的表达。当傅雷夫妇得知儿子获奖的消息，兴奋之情溢于言表。"孩子！要是我们在会场上，一定会禁不住涕泗横流的。世界上最高的最纯洁的欢乐，莫过于欣赏艺术，更莫过于欣赏自己孩子的手和心传达出来的艺术！"但傅雷一家并没有忘记，傅聪的成功是新中国培养出来的，"我们也因为你替祖国增光而快乐"！

傅聪在给父母的信中，诉说了自己对祖国的深情：

我在波兰，波兰人爱我爱得那么深，那么热；我也爱波兰，爱得一样深，一样热。他们都说我是一个波兰化的中国人，中国籍的波兰人，但我究竟还是属于我最亲爱的祖国的。我想念祖国，想它的美丽的山河，想千千万万从事于正义的事业的人们，我感觉到他们就在我身旁，就在我心里。看你们的信，看祖国的书报，处处感到伟大的中国灵魂……我想也许我还是诗人的气质多，而Chopin（肖邦）的诗人气质也特别接近中国诗词。所以我说我能成为波兰人，正因为我是中国人。记得列宁有句话，说要成为一个国际主义者，必须先是一个热爱祖国的人。这里面是有深意的。

这次无论谁，批评（指评论）我的演奏时，总处处提到中国的古文化。那是使我最快乐的，因为能使别国人通过我而更崇敬我的祖国的文化。我也相信中国人具备别国人所没有的优越条件，将来一定会开出极美的花朵来。

我爱你们，也因为爱你们而更爱我的祖国，也因为更爱祖国而更爱你们。

这些话，都是傅氏父子的肺腑之声。傅聪获得的巨大成功，与傅雷一如既往的指引紧密相关。他叮嘱傅聪要“戒骄戒躁”，希望他“目光远大，胸襟开朗。……身外之名，只是社会上一般人所追求，惊叹；对个人本身的渺小与伟大没有相干”。傅雷的杰出，不仅在于他个人的突出成就，还在于他为新中国和世界培育出了像傅聪这样一流的艺术家。

第三节　出走者，离乡人

> 千万别忘了我们处在大变动时代，我国如此，别国也如此。毛主席只有一个，别国没有，弯路不免多走一些，知识分子不免多一些苦闷，这是势所必然，不足为怪的。苏联的失败经验省了我们许多力气；中欧各国将来也会参照我们的做法慢慢地好转。在一国留学，只能集中精力学其所长；对我国的情形不要太忧虑，自己更不要因之而沮丧。我常常感到，真正积极、真正热情、肯为社会主义事业努力的朋友太少了。（傅雷致傅聪，1957年3月18日夜北京）

自从被错划为“右派”以来，傅家深居简出，闭门谢客。尽管如此，仍有二人常来，一是朱梅馥的胞兄朱人秀，一是挚友周煦良。正因如此，傅雷在履历表的“社会关系”一项，仅填有三人：朱人秀、周煦良和楼适夷。

新中国成立前，傅雷和周煦良一起合编过《新语》半月刊。新中国成立后，两家住的房子也挨得近，关系更是亲密。周煦良是作家、文学翻译家，同傅雷一样是《文汇报》的社外编委，二人有很多共同语言。

往常，周煦良一来，二人无所不聊。然而，这次周煦良来到傅家后手中茶杯中的茶水一口未喝，仿佛有难言之隐。沉默良久，他放下茶杯，在书房中踱步。敏感的傅雷察觉到了周煦良的反常，看出来不祥的征兆。

尽管周煦良在家中已经反复打好了腹稿，选择最为婉转的说辞，以尽量避免对傅雷造成“打击”，然而在傅雷焦灼的目光下，还是乱了分寸。

就在他来傅雷家的前一天，上海作家协会的负责人之一叶以群特地来到周煦良家，叶以群带给周煦良一份《参考消息》。叶以群说：“组织上考虑你和傅雷很熟悉，由你转告比较合适。另外，请你转达一位中央领导同志的意见——‘各人做事各人当。不会连累他，请他放心。’”

周煦良欲言又止，终于说出了爆炸性的消息：“上月，傅聪从波兰乘飞机出走英国！”

这消息如同五雷轰顶，顿时，傅雷像一座木雕一样，一动不动地跌坐在椅子上，半天说不出一句话来。

周煦良说了许多宽慰劝解傅雷的话，但还是无法缓解傅雷心灵的痛楚。向来，傅雷“早上一起来，洗脸，吃点心，穿衣服，没有一件事不是用最快的速度赶着做的；而平日工作的时间，尽量不接见客人，不出门；万一有了杂务打岔，就在晚上或者星期日休息时间补足错失的时间”。可是，此刻的他放下了工作，倒在床上。第二天，傅雷也未吃早饭、中饭，一想到爱子竟然出走英国，傅雷不寒而栗。

他受“批判”，成了“右派分子”的消息，波及了正在波兰留学的傅聪。“有其父必有其子”，傅聪也在留学生中成了“批判对象”。

对于出走，1980年傅聪在回忆这段往事时说：“我是被逼上梁山的。1957年整风‘反右’时，我和父亲同时挨整，他在上海，我在北京，我是从波兰被召回来参加整风‘反右’的。我写了检查，后来我仍被允许回波兰继续学习。我走后，对父亲的批判越来越扩大化了。我在波兰听到很多关于他的传说。1958年12月，我留学毕业，如果我回来，势必是‘父亲揭发儿子、儿子揭发父亲’，可是我和父亲都不会这样做。当时我是被逼上梁山的。当然，对我的走我永远是内疚的。”

实际上，父亲被划“右派”的错误，让远在波兰的傅聪受到了一些波及。傅聪与其他留学波兰的同学不同，他获过奖，小有名气，常常有人邀请他演出。他有收入，自己单独住，进出坐出租汽车，为此常有人批评傅聪过的是“资产阶级的生活方式”。

傅聪的出走，得到了一位英籍音乐教师的“帮助”。这位教师翻看傅聪的护照时，发现这是一本全欧洲通用的护照。因为傅聪经常要到波兰以外的国家演出，所以发给他的护照与其他留学生不同。于是，在这位英籍教师的“积极帮助”下，傅聪悄悄买了从华沙飞往伦敦的机票，出走英国。傅聪是自己独住，他的行动很容易避开他人的注意。傅聪飞往伦敦的当天，正好伦敦有雾，航班因此延迟起飞。这时，中国驻波兰大使馆已经察觉到了傅聪的动向，准备采取措施拦截。正巧雾气散了，班机起飞了。傅聪还没有到达伦敦，外国通讯社已经发出了关于他出走的电讯。傅聪刚到伦敦，一落地，一大群外国记者便包围了他。但他一句话都没有说，直接钻进轿车，扬长而去。

傅聪在伦敦（1962年6月）

傅聪的出走，让家书频繁的父子断了联系。在异国的傅聪，多么想接到父亲的来信，哪怕是只言片语。而联系不到傅聪，傅雷夫妇亦心急如焚。就在傅雷最艰难的时刻，通过夏衍、柯灵，捎来了周恩来总理、陈毅副总理的话："祖国的大门，任何时候都对傅聪开着。只要愿意回来，欢迎！"这让煎熬中的傅雷夫妇心中重新燃起希望之火。

傅雷不敢贸然给儿子写信。这段时期，主要由母亲与傅聪联络。母亲的信，内容与父亲不同，更多是关心儿子的生活。"在波兰穿旧的衣袜等，不要随便扔了，回国后正需要旧衣旧鞋；回国前千万不要买东西，国内各方面都在节约，大家以朴素为主……"

这个时候，从朱人秀处传来消息。经朱人秀向上海市有关领导请示，上级同意傅雷与傅聪通信。就这样，煎熬了整整十个月的父子，终于可以通信了。傅雷一封又一封的长信，承载着多少思念和不安。

> 十个月我的心绪你该想象得到；我也不想千言万语多少，以免增加你的负担。你既没有忘怀祖国，祖国也没有忘了你，始终给你留着余地，等你醒悟。我相信：祖国的大门永远向你开着的……
>
> 未接来信之前，我们的心情是沉痛的，痛苦的，你的变化太突兀了，令人无法捉摸。我们做父母的只觉得惭愧，没有给你什么好的感受。我们除了一片热忱的爱子之心，但愿你自觉的醒悟过来。

一个人身在国外，对祖国的怀念是深刻的，不论做人方面、事业方面，处处要保持我们中国人传统的谦虚和大方……

从来信可看到你立身处世，有原则，有信息，我们心头上的石头也放下了。但愿你不忘祖国的培养，首长们的爱护，坚持你的独立斗争，为了民族自尊心，在外更要出人头地的为国争光……

傅雷虽然在国内蒙受冤屈，但始终怀着一颗赤子之心，谆谆教诲着傅聪要不忘祖国，为国争光。傅雷的爱国之情跃然纸上，这是他高尚人格的写照。远在英国的傅聪读着父亲一封又一封的长信，感受到了父母对自己热忱的爱和祖国温暖的怀抱。

自从傅聪来到英国，记者对他围追堵截。记者们不断地纠缠，称傅聪是“中国的叛逆”。忍无可忍的他，在1959年接待外国记者时，公开申明了自己的“三原则”：

一、不入英国籍。

二、不去台湾。

三、不说不利祖国的话，不做不利祖国的事。

在英国的头几年，傅聪过得很辛苦。他以弹琴为生，收入甚微，还经常受到经纪人的压榨。他没有为自己的名利奔走于豪门之间，只以弹琴为伴，除了演出，多在家练琴。他也因此更爱肖邦的音乐了，愈发理解肖邦的爱国之情。弹奏肖邦的作品，不正是远离故土的他抒发思乡之情的方式吗?

与父亲往来的信件不断，傅雷在信中倾诉着收到信的兴奋。“最近三个月，你每个月都有一封长信，使我们好像和你对面谈天一样，这是你所能给我和你妈妈的最大安慰。父母老了，精神上不免一天天感到寂寞。唯有万里外的游子归鸿使我们生活中还有一些光彩和生气。”

不仅如此，傅雷还亲自为他“每天抄录一段，最后将近一个月方始抄完”的丹纳的《艺术哲学》第四编“希腊的雕塑”译稿6万余字。这份沉甸甸的父爱远渡海外，邮寄到傅聪手中。看着父亲的字迹，傅聪感受到父亲的良苦用心，心里感动极了！

母亲是这对父与子书信往来的旁观者，她告诉傅聪：“他（傅雷）一向知道你对希腊精神的向往，但认为你对希腊精神还不明确，他就不厌其烦地想要满足你……爸爸虽是腰酸背痛，眼花流泪（多写了还要头痛），但是为了你，他什么都不顾了。前几天我把旧稿替他理出来，他自己也吓了一跳，原来的稿子，字写得像蚂蚁一样小，不得不用放大镜来抄，而且还要仔仔细细地抄，否则就要出错。他这样坏的身体，对你的devotion（热爱），对你的关怀，我看了也感动。”

傅雷在每一次的回信中，都要强调当艺术家要有应该有的气节、风度。虽然傅聪不在父母身边，不能耳提面命地教导，但是傅雷在信中总是一遍又一遍地诉说，一封封家信成了最好的教科书。

然而，1964年，傅聪的一封信，再一次让傅雷陷入深深的痛苦之中。在英国多年，傅聪一直坚守“三原则”。傅聪既是一个中国人，也是一位钢琴家。每年要去许多国家演出，在办理护照时有诸多不便。万不得已，傅聪于1964年加入了英国国籍。

这件事情给傅雷打击很大，他痛苦万分，以至断了和傅聪的信件往来。后来，直到傅聪的长子凌霄出生，给傅雷发了电报报喜，傅雷才于1964

年10月回函。信很长，十分感人，表达了傅雷的态度和对傅聪的理解。

几次三番动笔写你的信都没有写成，而几个月的保持沉默也使我魂不守舍，坐立不安。我们从八月到今的心境简直无法形容。你的处境，你的为难（我猜想你采取行动之前，并没和国际公法或私法的专家商量过。其实那是必要的），你的迫不得已的苦衷，我们都深深的体会到，怎么能责怪你呢？可是再彻底的谅解也减除不了我们沉重的心情。民族自尊心受了伤害，非短时期内所能平复；因为这不是一个“小我的”，个人的荣辱得失问题。便是万事随和处处乐观的你的妈妈，也耿耿于怀，伤感不能自已。不经过这次考验，我也不知道自己在这方面的感觉有这样强。

一九五九年你最初两信中说的话，以及你对记者发表的话，自然而然的，不断回到我们脑子里来，你想，这是多大的刺激！我们知道一切官方的文件只是一种形式，任何法律手续约束不了一个人的心——在这一点上我们始终相信你；我们也知道，文件可以单方面的取消，只是这样的一天遥远得望不见罢了。何况理性是理性，感情是感情，理性悟透的事情，不一定能叫感情接受。不知你是否理解我们几个月沉默的原因，能否想象我们这一回痛苦的深度？不论工作的时候或是休息的时候，精神上老罩着一道阴影，心坎里老压着一块石头，左一个譬解，右一个譬解，总是丢不下，放不开。我们比什么时候都更想念你，可是我和妈妈都不敢谈到你：大家都怕碰到双方的伤口，从而加剧自己的伤口。我还暗暗提心吊胆，生怕国外的报纸、评论，以及今后的唱片说明提到你这件事。……

> 孩子出生的电报来了，我们的心情更复杂了。这样一件喜事发生在这么一个时期，我们的感觉竟说不出是什么滋味，百感交集，乱糟糟的一团，叫我们说什么好呢？怎么表示呢？所有这一切，你岳父都不能理解。他有他的民族性，他有他民族的悲剧式的命运（这个命运，他们两千年来已经习以为常，不以为悲剧了），看法当然和我们不一样。然而我决不承认我们的看法是民族自大，是顽固，他的一套是开明、是正确。他把国籍看作一个侨民对东道国应有的感激的表示，这是我绝对不同意的！至于说弥拉万一来到中国，也必须入中国籍，所以你的行动可以说是有往有来等等，那完全是他毫不了解中国国情所作的猜测。我们的国家从来没有一条法律，要外国人入了中国籍才能久居！接到你岳父那样的信以后，我并不作复，为的是不愿和他争辩；可是我和他的意见分歧点应当让你知道。

这段家书是傅雷强烈民族自尊心和爱国主义精神的集中体现，字里行间表达了傅雷满满的爱国之情和赤子之心。

1965年5月，傅聪路过香港，给家里打了一个长途电话，是母亲接的电话，傅聪只喊一声“妈妈”，便哽住了。纵有千言万语，却不知从何说起。7年了，傅聪出国已经有7个年头。这是这么久以来，第一次听见彼此的声音。后来傅聪在信中说：“真想不到能在香港和你们通电话，你们的声音口气，和以前一点没有分别，我好像见到你们一样。”傅雷回信说：“香港的长途电话给我们的兴奋，简直没法形容。5月4日整整一天我和你妈妈魂不守舍，吃饭做事都有些飘飘然，好像在做梦；我也根本定不下心来工作。尤其4日清晨妈妈告诉我说她梦见你还是小娃娃模样，喂了你奶，你睡着了，她把你放在床上。她这话说过以后半小时，就来了电话，怪不得好些人要迷信梦！”

一通久违的电话使父子之间找回曾经相处的时光，傅雷不禁回忆起傅聪小时候的练琴场景。曾经的小娃娃已经成长为国际知名的钢琴家，一幕幕仿佛就在昨天。傅聪就像飘在外的风筝，而那长长的线却始终攥在父母手中，扎根于祖国大地上。

6月5日，傅聪又一次途经香港，打长途电话给父亲。傅雷后来在信中“埋怨”傅聪——因为傅聪那样激动，以至忘了喊“爸爸”。“美中不足的是5月4日、6月5日早上两次电话中你没有叫我，大概你太紧张，当然不是争规矩，而是少听见一声‘爸爸’，好像大有损失。妈妈听你每次叫她，才高兴呢！”一向严肃、不苟言笑的傅雷竟吃起夫人的“醋”来。孩子的一举一动、一颦一笑总是能勾起父母的柔软的内心，傅雷也不例外。

傅雷夫妇盼着家人团聚的那一天，竟不知这次的长途电话却是诀别。“文化大革命”开始时，傅聪从海外好不容易与家里挂通了长途电话，他只唤得一声“姆妈”，梅馥只叫得一声“阿聪”，彼此失声痛哭。到哽咽着勉强能说话的时候，电话早断了——这也是他们母子的最后一次通话，而傅雷永远无法听见傅聪亲口叫他一声“爸爸”了！

第四节　艺术家归队

即使想到你，有些安慰，却也立刻会想到随时有离开你们的可能，你的将来，你的发展，我永远看不见了，你十年二十年后的情形，对于我将永远是个谜……（傅雷致傅聪，1961年8月19日）

1966年9月3日，傅雷夫妇含恨离世，直到11月，傅聪才从法国的一位朋友那里得知父母双亡的消息。傅雷被错划为“右派分子”，随之引起的连锁反应导致傅聪出走英国，而傅聪的出走，间接加重了傅雷的“罪行”。傅氏父子是一对特殊的父子，演绎了循环的悲剧。

面对双亲的突然离世，傅聪内心是痛苦与煎熬的，但他表面上却表现出极大的镇定。当时，外国记者们得知傅雷夫妇的死讯，都想从傅聪口中挖出一些蛛丝马迹。他们的“良苦用心”，可想而知。但傅聪只是在一次独奏音乐会上，向观众说了一句话：“今天晚上我演奏的曲目，都是我的父母生前所喜爱的。”他用他的琴声，寄托着深切的哀思。这是傅聪唯一一次在公开场合对父母的离世有所表达。

在祖国唯一的“根”没有了，却愈发激起傅聪想要回国的心。“我的胸膛里跳动着一颗爱国的心，我酷爱生我育我的祖国。父母的去世，更加重了我对祖国的思恋与怀念，我多么想有机会回到祖国，把艺术贡献给人民，用我的琴艺向哺育了我的祖国和人民进行‘反哺’。”

傅聪尝试以各种方式与祖国联系，向祖国表达他要回来之意。然而，历史的误会尚未解除。为了及时了解祖国的信息，傅聪订阅了许多中文报刊，也从外国刊物、广播、电视中关注着祖国的消息。

1972年，美国总统尼克松访华时，傅聪兴奋不已。他向朋友表达他要回国的心意，但是没有回音。

1977年初春的一天，他与妻子驱车外出，在收音机里听到了中国中央乐团演奏的贝多芬第五交响乐，傅聪又一次泪流不止。这是近20年来，第一次听到中央乐团演奏贝多芬的作品。

这年，傅聪打听到与他失去联系10多年的弟弟傅敏的下落，他马上给弟弟写信，诉说着自己的思念之情。接到傅敏的回信，他才知晓，弟弟本来在外交学院上学，由于受到父亲的牵连，后来去了一所中学教英语。

1978年11月，傅聪的老朋友、时任中央音乐学院副院长的吴祖强带着中国艺术教育代表团前往英国访问。很不巧，傅聪当时要去瑞士演出，他托英中文化协会的朋友告诉吴祖强，回来一定去拜访他。演出结束后，傅聪从瑞士回到伦敦，当晚11点，就急切地奔去吴祖强的住所。在旅馆里，傅聪看到两鬓已经灰白的吴祖强，吴祖强看到傅聪穿了一件中式棉袄，两人眼中都噙满泪水。傅聪在英国见到过很多中国人，但是吴祖强不同——

他是祖国的代表。他向吴祖强倾诉着对祖国的思念，恨不得把自己的赤子之心掏出来。从1958年到1978年，整整20年傅聪都没有回到祖国。这一下见到自己的老同学、老朋友，他忍不住地表露着自己的感情。

那一夜，傅聪翻来覆去，怎么都无法入睡。

患难之交

吴祖强与傅聪可谓是“患难之交”。1958年，傅聪在波兰留学，吴祖强在苏联留学。傅聪的父亲被错划“右派”，吴祖强的哥哥吴祖光也被错划“右派”。在当时留学生集中学习，受到“批判”的三名留学生中，便有傅聪和吴祖强。当时他们二人都住在北京文化部招待所，成了“患难朋友”。最终，没有查出二人的“罪证”，就把他们二人放了回去。

自傅聪从波兰出走英国后，二人便断了联系，一晃20年。

1978年11月，吴祖强带着中国艺术教育代表团去英国，就认定傅聪一定会排除万难来见他。领导也意识到这点，在出国前，就对傅聪问题做了研究。果真，吴祖强一到伦敦，傅聪就托人转告想要见面的消息。但很不巧，傅聪要去瑞士演出，不能马上见到。

傅聪从瑞士一回来，就急着打电话给吴祖强，一次又一次地打。那段时间，吴祖强的活动日程排得满满的，总是在外参观、出席会议。傅聪老找不见他。夜里10点多，吴祖强刚回到宾馆，电话铃声就响了。傅聪一听是吴祖强的声音，高兴极了，飞奔而来。

果真，半个小时后，傅聪来了，穿着中式棉袄，还是过去那个样子。二人20年未见，吴祖强头发都花白了。

傅聪非常激动，他说：“你是我20年来第一个见到的国内来的老朋友。”

那天晚上，二人一口气谈了一个多小时。夜已深，傅聪考虑到第二天吴祖强还有活动，便依依不舍地离去了。就这样，在伦敦的日子，只要吴祖强有空，傅聪就来看他，来过好多次。每一次谈话，傅聪总是让吴祖强向他介绍国内的情况。

傅聪再三向吴祖强申述了回国的愿望和要求。他有点不切实际，希望马上搬回去。他这种强烈归国的心情，让吴祖强很感动。傅聪思念着人民，思念着祖国，这种溢于言表的思乡之情，感染了很多人。

过了几天，傅聪在伦敦伊丽莎白音乐厅举行独奏音乐会时，吴祖强率领中国艺术教育代表团参加。傅聪在音乐会即将结束时，临时加演了他最喜爱的《牧童短笛》。这个作品是贺绿汀先生创作于1934年的一首钢琴曲。1934年，正值国家风雨飘摇，《牧童短笛》的创作中也饱含了作者的忧思，贺绿汀把牧童、短笛、老牛融为一体，形象地描绘了山川秀美、生活安宁、天地和谐的美丽情景。这与狼烟四起、炮声隆隆的战争背景形成了鲜明对比，与日军的血腥屠杀形成了鲜明对比，与衣不蔽体、食不果腹的人民群众生活情景形成了鲜明对比，强烈表达了人们对战争的憎恶、对国家和民族的深切忧患，以及对美好生活的赞美和向往。傅聪用一首中国曲子，用他的钢琴语言，抒发着他的思乡之情。但是，敏感的外国记者马上发现音乐会上的异常气氛，于是，“添油加醋”地报道了傅聪的意图。

傅聪要归国，按照正规程序，吴祖强必须向邓小平申请。傅聪再三考虑，决定亲自给邓小平副总理写一封信。信中主要表示他想回国看看他唯一的亲人弟弟；如果祖国需要他的话，他愿为祖国做些事情。1978年12月28日，邓小平在傅聪的信中写下批示：“傅回国探亲或回国工作都可以同意，由文化部办理。”

漂泊在外的游子终于在20年后，回到祖国的怀抱。

1979年4月，傅雷的沉冤得到昭雪，上海市文化艺术工作者联合会为他举行追悼会。傅聪决定回国。

在傅雷的追悼会上，站在父母的遗像前，傅聪感慨万分。当年为了避免麻烦，傅雷的骨灰盒写了他的原名傅怒安，而现在，祖国大陆阳光明媚，阴霾的日子终于过去了，骨灰盒上堂堂正正地写着“傅雷”二字。傅聪捧着父母的骨灰盒，傅敏捧着父亲的遗像，一起前往龙华革命公墓安葬。傅聪见到阔别多年的好友，诉不尽的离别之苦，道不尽的重逢之喜。

1979年4月26日傅雷夫妇平反昭雪追悼会后，傅聪手抱骨灰盒，傅敏手捧傅雷遗像，前往龙华革命公墓

这次回来，傅聪待了10天，但这10天却是那么难忘。上海江苏路的房子早已易主，出国有父母相送，回来却父母双亡。这几日，傅聪住在舅舅

朱人秀家中。很多朋友说傅聪变了。是啊，整整20年，游子的生活成为过去，他回到了祖国的怀抱。

“海上生明月，天涯共此时。”漂泊无定的游子终于“归队”！

第五节 穿梭于海峡两岸

1982年5月18日中午，一位穿着红色衬衫、蓝色细格子外套身子修长的中年男子，出现在台北桃园国际机场。他刚下飞机就被记者们包围了，甩开记者后，他迅速进入小轿车，直趋台湾圆山饭店。第二天，台湾便有报纸在头版刊登傅聪抵台的文章。

这是傅聪第一次来台湾。一直以来，他秉持着“不接见，不表态，不去台”的态度面对来自台湾的记者以及各种方式的邀请。傅聪回国前曾跟邓小平保证，为祖国做些事情。“我是一个弹钢琴的人，我愿意用我的琴声，为祖国的统一尽一点微力。”所以他接受台湾作曲家许博允新象艺术中心的邀请，赴台演出。

19日晚，傅聪在台北的孙中山纪念馆举行钢琴独奏音乐会。几乎所有的台湾报纸都报道了这一消息。他在台北连演三场，场场爆满。他还在台中、高雄各演一场。除了演出，傅聪还坚持每天练琴六小时并声明记者不得打扰。

傅聪的这次演出得到了业界的高度称赞，获得了极高的评价。钢琴家蔡采秀说："傅聪的音乐来自他的心底，自由而明朗。傅聪对乐曲的诠释有其独特的风格，和他内在深厚的文学修养有关。只有有丰富的中国传统文化内涵，才能赋予他这么完美的性格表现。"声乐家刘塞云说："傅聪的音乐让人忘我，他却有着'自我'，稳稳地控制着节奏，实在是音乐表现的最高境界。"

但是，此番台湾之行，最让傅聪困惑的是，成群的记者盯着他，甚至几家报纸报道称："傅聪终于回来了——九年前，傅聪曾说：'总有一天，我一定会回去的。'……"

傅聪很少召开记者招待会，但这次，就台湾问题，他在离台的前一天，在台北太平洋国际商业联谊社举行记者招待会。会上，傅聪开门见山："有些报道不符合事实，我感到很遗憾。有些报道断章取义，张冠李戴。比如说，我在九年前说过'总有一天，我一定会回去的'。于是，就有报道说，这一次我'终于回来了'。其实，对于我来说，我的家是北京、在上海。我说我要回去，当然是指回北京、回上海，而不是去台湾，台湾对于我来说是一个陌生的地方。当然，台湾的人民，也是中国人，也是我的同胞。但是，我到台湾来，是以搞音乐的身份来的。"

同样还有一些报道，说傅聪是"悄悄地回到大陆"。傅聪反驳道："我不懂得这句话是什么意思，这是不是影射我这一次很热闹地来到台湾？"台下的记者们都笑了，傅聪更加义正词严地讲："我到任何地方去，都是正大光明的，用不着'悄悄地'。我还要声明一点，这儿惯用的字眼，说我当时是‘投奔自由世界’。我从来没有用过这样的字眼。我的出走是迫不得已，而且在我有可能、有机会回到中国大陆的时候，我就回去。因为我是中国人，我希望为中国做一点事情。我也是抱着这样的信念来到台湾的。我想，这也是很清楚的吧。”

一位女记者问：“傅先生，你什么时候再来？”

傅聪巧妙地回答：“假如我明天看到的报道，是如实的报道的话，那我有可能会再来。不然的话，就使得我很为难。”

第二天，台湾几十家报纸，都刊登了傅聪在这次记者招待会上的讲话。

傅聪在台湾演出

傅聪始终谨记父亲的教诲，“中国人气质，中国人灵魂”在傅聪身上尽显。傅聪访台演出是成功的，他成为搭在海峡两岸的一座文化桥梁。此后，傅聪一次又一次在台湾演出，成为受海峡两岸欢迎的音乐家。

傅聪后来再赴台演出，已不像第一次去的时候那么紧张。1987年3月28日晚上，赴台的前一天，傅聪在美国纽约红楼饭店回答记者提问，回答了“您多年来拒绝去台湾演奏而现在一次次去台湾”的问题。他答得很坦率：

“这里有两个道理：第一，我回大陆前绝对不会去台湾，我没有去大陆先去台湾，如果被当成‘反共义士’加以宣传，我就百口莫辩；第二，我去了大陆之后则一定要去台湾，因为我承认这是一个永恒的中国。”

多次往返于大陆与台湾之间，就音乐人才培养问题，傅聪有了自己的看法：“大陆这方面比较有系统有组织，而台湾则倾向自我发挥。希望海峡两岸在这方面互相取长补短。”

傅聪，一个性格独特、博学多才、愤世嫉俗的世界闻名的大钢琴家，他的身上，有着鲜明的双重叠影：音乐的傅聪和人文的傅聪。音乐的傅聪，充满着诗情画意和幻想，被称为“钢琴诗人”。他的琴声中，有一种纯净、质朴以及神幻般的古典美；而作为人文傅聪，他对中国传统文化涉猎甚广，他学识渊博，且直言不讳。他的身上，亦有着矛盾的两重性：叛逆和顺从、细腻和粗犷、正直与宽容、诗情与悲壮。他的身体里流淌着父亲浓烈的爱国主义血液，又传承着母亲性格的温文尔雅。他是傅雷教育的结晶，是傅雷思想的折光。

第四章

历经风雨心不灭，三尺讲台存日月：傅敏的坚守

傅敏中等个子、消瘦，一瞧就是书生模样。如果说傅聪更像他的母亲朱梅馥，那么傅敏则酷似父亲，甚至可以说是傅雷的翻版。父子俩唯一的不同之处在于，傅雷头发朝右梳，傅敏的头发朝左梳。

傅敏也是傅雷教出来的好孩子，他淡泊名利，安心做一个中学教员。“又热烈又恬静，又深厚又朴素，又温柔又高傲，又微妙又率直。”这是1962年傅雷给傅敏信中所写的话，也正是傅敏形象的写照。

第一节　心愿已碎梦成空，身教言传喜教书

傅敏，出生于1937年4月15日，比傅聪小三岁。

傅敏是傅雷的小儿子。傅聪从小学习音乐对傅敏的影响和诱惑力极大，所以傅敏小时候也想学习音乐。傅敏初中毕业的时候，傅雷一家租住在上海江苏路的宋琪家中。一次偶然的机会，傅敏在家中堆放杂物的地方，发现一把琴——一个犹太人遗留下来的英国小提琴。房东太太见他喜欢，就送给了他。

找谁教琴呢？

雷伯伯！

雷垣，是傅聪的钢琴启蒙老师，但他更擅长小提琴。他一听傅敏想学小提琴，二话没说，便收下了这个小徒弟。此后，傅敏还师从过中央乐团小提琴家韦贤章和上海音乐学院管弦系原系主任、小提琴家陈又新。

兄弟二人你弹我拉，配合得很是默契。年幼的他们，每天沉浸在音乐

的世界之中。傅聪很小就立志成为一名钢琴家，而傅敏也暗暗发誓，要做一个小提琴手。

为了傅聪练琴，傅雷租了一台钢琴，从傅聪7岁起，便不遗余力地教导他练琴。

傅敏呢？他主动要求学琴，要求上音乐学院附中，却遭到了傅雷的拒绝。1953年暑假，傅敏与父亲大吵大闹，发生激烈争执。

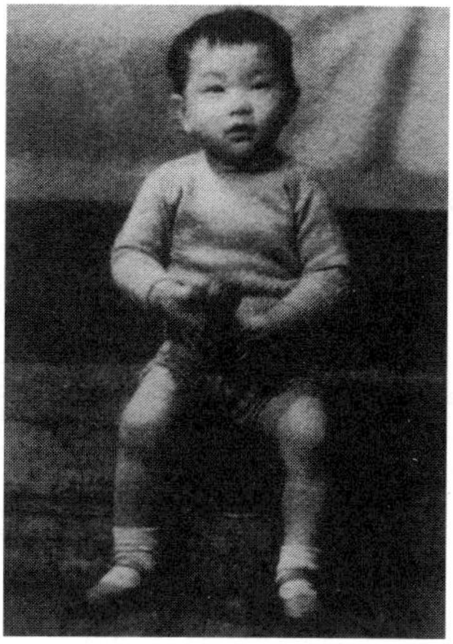

两周岁时的傅敏

傅敏不明白，手心手背皆是肉，为什么哥哥可以练琴，而自己却不行。可是无论傅敏怎么闹，傅雷就是下定决心，绝不更改。

傅雷对满脸泪水的傅敏说出了理由：

第一，家里只能供一个孩子学音乐。你也要学音乐，我没有这能力。

第二，你不是搞音乐的料子。

第三，学音乐，要从小开始。你上初中才学琴，太晚了。学个“半吊子”，何必呢？

但最后，傅雷补了一句：“你呀，是块教书的料！”

最终傅敏没有如愿以偿进入音乐学院附中学习，而是听从了父亲的建议，从华东师大一附中初中毕业后，直升该校高中，走上了教书育人的道路。

傅雷为了让傅聪专心练琴，辍学在家，自己当老师教他，而傅敏从初中开始便离开家，在华东师大一附中住宿。傅雷给傅敏的信中提及这种寄宿制学校的好处，“从小不大由父母严格管教的青年也有另外一些长处，就是独立自主的能力较强，像你所谓能自己管自己”。

傅聪写给傅敏的信

亲爱的敏：

首先让我对你道歉，隔了这么久才给你写信，我前不久是给你写了信的，可是没有寄，因为我的心情非常坏，写的信尽出错，自己看了也讨厌。

我十月三十日才回到华沙，在莫斯科最后给拖住为苏中友协成立大会演出。回来初期因为想到又要开会等等，心烦得要命。我太渴望着要投入到音乐中去了！最近我已经正式开始工作，在弹Prokofiev（普罗科菲耶夫）、Shostakovich（萧斯塔科维奇）和Schubert（舒伯特）的*Sonatas*（《奏鸣曲》），都是新的，兴致很高，成绩很不错，所以我的心情也好多了。

国内的生活和国外的太不同了，假如要能在艺术上真有所成就，那在国外的条件好得太多了，主要因为生活要丰富得多，人能够有自由幻想的天地，艺术家是不能缺少这一点的，不然就会干枯掉。我还有许多问题想不通，现在也不愿去想，人生一共才几何，需要抓紧做一点真正的工作，才能问心无愧。我实在需要安心下来，要是老这样思想斗争下去，我可受不了，我的艺术更受不了。

在苏联的演出非常成功，在列宁格勒简直是轰动，特别是Prokofiev（普罗科菲耶夫），得到了最高的评价。节目单我要不到多的，一份寄到家里去了，苏联方面答应以后给我补寄，等有了再给你寄吧。

…………

我现在需要安静，我希望少一点人事的接触，这样好一点，我要安心工作。说老实话，我实在没有心思去解释什么，我没有什么可说的。

妈妈的信附上，谢谢你，我没有什么意见。

也许我的信很奇怪，也许有一股狂妄的味道；可是我自己觉得问心无愧，我不过是希望孤独一点，我要到音乐中去，不然我就不能问心无愧，再谈了，祝你好，不要为我的信不高兴！

聪

一九五七年十一月五日

傅敏的音乐梦破碎之后，他决心做一个像父亲那样的文学翻译家。高中毕业的时候，他心中的第一志愿是复旦大学的外国文学系。然而，组织上格外看好他，保送他上了北京外交学院，要培养他成为新中国的年轻外交家。组织上选人的眼光是相当不错的：第一，他的父亲是上海市政协委员、中国作家协会上海分会书记处书记，哥哥是1953年斩获第五届肖邦国际钢琴比赛第三名的年轻音乐家，家庭政治背景良好；第二，傅敏成绩优异，特别是英语；第三，外交家需要广博的知识，傅敏出身书香门第，终日遨游书海，这点毋庸置疑。

在同学们羡慕的目光中，傅敏顺利进入北京外交学院。一切看似顺顺当当，却不知傅敏的坎途才刚刚开始……

傅敏在外交学院（1957年）

1958年4月30日，父亲傅雷被错划为“右派”。八个月后，哥哥傅聪又因种种缘由，突然从波兰出走英国。傅敏原本良好的出身，发生了巨大的转变。傅敏也成为重点“批判对象”。可想而知，外交家的梦……

1959年的秋天，北京外交学院把傅敏作为“代培生”，调入北京外国语学院，傅敏进入英语系三年级学习，于1962年毕业。他被分配到北京市教育局，这意味着他将要成为一名中学教员。当时，很多学校不敢接收傅敏。幸运的是，有一个人挺身而出，“这么个高才生，你们不要，我要！”这个人就是杨滨，北京第一女中的校长。她与晁涌光、王季青（王震夫人）、苏灵扬（周扬夫人）被称为北京中学界的“四大校长”。杨滨是一位有胆识、思贤若渴的共产党人。当她听副校长佟沛珍说起傅敏在局里没人要的消息后，便调看了他的档案。她不顾众人反对，硬是将他要了过来。她还特意叮嘱支部成员，谁都不许把傅敏的家庭情况往外说。

傅敏报到那天的当晚，住进了一间三四人住的民房里。他哭了，哭得很伤心。他羡慕过哥哥，当他的音乐梦破碎后，他立志成为一名外交家。年轻时的梦想一次又一次地破灭，未来的路在何方，傅敏不知道。

不过，万万没想到，父亲10年前的一句玩笑话，“是块教书的料”，竟然言中了。

杨校长亲自接待这位25岁的青年，但是傅敏并不知晓他能来北京第一女中是杨校长的决定。当时的他觉得前途无望，胸中苦闷无人可说。傅雷深知傅敏这样的处境与自己有莫大的关系，为了给失落的傅敏加油打气，傅雷让夫人朱梅馥给远在国外的傅聪写信：“敏于11月底分配到北京第一女中教英文。校舍是民房，屋少人多，三四人住一间。青年人应当锻炼，已尽量写信去给他打气。”

学生是一团火，傅敏每天面对一群朝气蓬勃、阳光积极的学生，在他们身上，傅敏感受到了力量和温暖，心中的冰块也渐渐融化。虽然傅敏从小上寄宿学校，没有时刻感受到父亲的指导，但傅敏也是傅雷教出来的。在北京第一女中，傅敏将傅雷的那套教学法拿了出来：总是让学生们提前准备，从不正面回答，而是旁敲侧击，反过来问他们问题，直到说出正确答案。这样做让学生们开动脑筋，让学生们学会独立思考。

傅敏给父亲的信中，常写到自己教学过程中的心得体会：“我教了一年多书，深深体会到传授知识比教人容易，如果只教书而不教人的话，书绝对教不好，而要是教好人，把学生教育好，必须注意身教和言教，更重要的是身教，处处要严格要求自己，以身作则。越是纪律不好的班，聪明的孩子越多，他们就更敏感，这就要求自己以身作则，否则很难把书

傅敏和学生们在一起

教好。”傅雷非常肯定傅敏的做法，在给傅聪的信中，他写道：“他对教学的具体情况，有他的看法，也有他的一套，爸爸非常赞同。你看我多高兴，阿敏居然成长得走正路，这正是我俩教育孩子的目的，我们没有名利思想，只要做好本门工作就很好了，你做哥哥的知道弟弟有些成绩，一定也庆幸。”

傅敏对工作的认真态度，对教学的刻苦钻研，校方非常了解。杨校长经常来听他的课。有一次，杨校长让傅敏开实验班，上观摩课，把他当作教学骨干对待。很多外校教师前来观摩，都称赞这个小伙子很有两下子。渐渐地，傅敏在英语教学界也小有名气了。在杨校长的保护下，学生和一般老师都不知道他是傅雷之子、傅聪之弟，只知道他是北京外国语学院毕业的高才生，是致力于英语教学的一分子。

教了半年多的书，1963年暑假，傅敏回到上海看望父母。这时候的他已经不再是当初哭鼻子的小孩子了，他的内心在半年多的教学活动中逐渐明朗起来。正因如此，傅雷才很欣慰："敏在家住了一个月，又已回京。他教书颇有兴趣，也很热心负责，拼命在课外找补充材料。校长很重视他，学生也喜欢他，虽然辛苦些，只要能踏踏实实为人民做点工作，总是值得的。"

傅敏在英语教学的道路上不再迷惘，甚至定出了"十年规划"：努力教学，并且在教学之余，搞些翻译。他着手翻译了《英语史》的前两章，寄给父亲。傅雷详加批改，认认真真地写了一封十多页的长信给傅敏，指出翻译应当注意什么，要朝什么方向努力……

第二节 双亲弃世哭无泪，欲死未成五味陈

1966年9月3日晚8点，傅敏突然接到舅舅朱人秀从上海发来的电报。电报只有短短6个字，却让傅敏久久伫立着，一动不动。

父母亡故速归

人在最悲伤的时候，往往欲哭无泪。

父母怎么会在同一天亡故？傅敏一看电报，便知道这其中的含义。傅雷从来不是一个逆来顺受的人，面对一次又一次打击，他的尊严、他的人格都不许他低头。他是一个铁骨铮铮的硬汉子。

傅敏一直将父亲写给自己的信视为珍宝，然而面对即将到来的抄家，他竟找不到一处可以妥善、安全地保存这些宝贵财富的处所。他历数父亲在京的朋友，竟无一家可逃脱“横扫”的围剿。

万不得已，傅敏想到——烧了它！与其被“横扫”出来作为定罪的“罪证”，不如付之一炬。他想到马思聪家中有个炉子，便揣着那些精心

保存下来的家信，去了那里。点火的手，颤抖着。看着父亲亲手写的一封封长信，傅敏的心在滴血。

熊熊炉火，吞灭了华笺雄文。傅雷一封封、一件件“充满着父爱的苦心孤诣、呕心沥血的教子篇”就这样化为灰烬。这些千金难求的家书被迫烧毁，是中国文化的一大损失。

当傅敏拿起手中那封关于《英语史》近20页的长信时，实在不忍投入火中，便留了下来，偷偷地藏在一位可靠的亲友家中，但动荡之后，这封长信也不知所终。

傅雷将写给傅聪、傅敏的信视为掌上明珠，每写一封，都会让夫人全文抄录一份留底。在发还的“抄家物资”中，傅敏偶然找到两份幸存的家信底稿。正因如此，《傅雷家书》中仅仅收录了傅雷给傅敏的两封信。

8月26日，傅敏来到北京长途电话局，给家里打电话。电话接通了，传来了母亲熟悉又亲切的声音：“阿敏啊？你怎么样？”关于家里的情况，母亲只是轻轻地说：“都好，都好，你放心！”

这就是傅敏最后一次听见母亲的声音。此刻的傅雷夫妇并不好过，却仍强忍着巨大的悲痛，说着宽慰儿子的话。

一周后，便传来了“父母亡故”的电报。

失去双亲，傅敏感觉天都塌了，他恨不得插上翅膀回到家中，查清楚父母亡故的真相。

傅敏打消了回上海的念头，只得复电舅舅：“父母后事请舅舅代理。”

本来，在杨校长的保护下，傅敏的身份没有被查出来。然而，当杨滨校长被划为“走资派”后，便有人曝光了傅敏的档案。原来北京第一女中还藏着这么一位——“大右派”傅雷之子、“叛国投敌分子”傅聪之弟。大字报顿时扑面而来：傅敏是杨滨的“大红人”，杨滨是傅敏的“大红伞”！

父母的去世、哥哥的出走，所有的压力都压在傅敏身上。不幸接着不幸。在傅敏最不幸的时刻，他的心上人也离开了他。

《傅雷家书》中，傅雷给傅敏的信中常提到的“阿敏小×”，小×就是傅敏的初恋女友。他们早在北京外国语学院学习时，便相爱了。当时，傅敏是学校乐队的小提琴手，小×是舞蹈队队员。两人在文艺演出时相识。小×是一位漂亮、端庄的上海女孩，也是英语系的学生，比傅敏低几个年级。

当傅敏开始恋爱时，便幸福地写信告知父亲，傅雷也是语重心长地对他讲述一条又一条的“恋爱须知”：

> 首先，态度和心情都要尽可能的冷静，否则观察不会准确……
>
> 其次，人是最复杂的动物，观察决不可简单化，而要耐心、细致、深入，经过相当的时间，各种不同的事故和场合……
>
> 总之，一切不能急，越是事关重要，越要心平气和，态度安详……
>
> 除了优缺点，俩人性格脾气是否相投也是重要因素……

《傅雷家书》中有很多傅雷对青春期的傅聪与傅敏应如何对待爱情的教导。傅雷关于爱情的阐述，对今天的青年读者仍有教育意义。

傅雷觉得这封信写得还不够明确，仅过了6天，傅敏又收到父亲的来信。

很高兴你和她都同意我前信说的一些原则，但愿切实做去，为着共同的理念（包括个人的幸福和为集体贡献自己的力量两项）一步步一步步相勉相策。许多问题只有在实践中才能真正认识，光是理性上的认识是浮表的，靠不住的，经不住风狂雨骤的考验的。……从小不大由父母严格管教的青年也有另外一些长处，就是独立自主的能力较强，像你所谓能自己管自己。可是有一部分也是先天比后天更强：你该记得，我们对你数十年的教育即使缺点很多，但在劳动家务、守纪律、有秩序等方面从未对你放松过，而我和你妈妈给你的榜样总还是勤劳认真的，……我们过了半世，仍旧做人不够全面，缺点累累，如何能责人太苛呢？可是古人常说：取法乎上，得乎其中；取法乎中，得乎其下。而我对青年人、对我自己的要求，除了吃苦（肉体上、物质上的吃苦），从不比党对党团员的要求低；这是你知道的。但愿我们大家都来不断提高自己，不仅是学识，而尤其是修养和品德！（傅雷致傅敏，1962年3月14日）

傅敏被分配到北京第一女中后，小×经常来看他。在学校里，几乎每个人都知道，小×是傅敏的女朋友。1964年，小×因病休学一年，回到上海疗养。傅雷视她为儿媳，接来家中静养，还特地定了一份马奶给小×。傅雷说："这儿就是你的家。"

傅雷夫妇对小×视如己出，本以为傅敏与小×会有一个好的结局。傅雷夫妇离世的消息传到了北京，北京外国语学院贴出大字报"批判"小

×，醒目的标题是“大右派傅雷的儿媳妇”！年底，小×参加“大串联”，回到了上海。

第二年年初，小×回到北京，几乎不来看望傅敏了。小×给傅敏寄来一封信，傅敏看后，明白在那个年代，自己的命运已经十分不幸，不能再让一个清白的姑娘陷入不幸。

傅敏给小×回了信。信寄走了，从此以后，二人虽同在北京，傅敏却再也没有找过小×，再也没有给她写过一封信。

傅敏终于明白，父亲所说的“风狂雨骤的考验”的真正含义，但是他和小×都没有成功渡过。相恋四年的恋人，不得不分开。傅敏真诚地爱过她，正因爱过，他不想因为自己，让心爱的人前途不堪，才回信同意“算了”吧。

此去经年，年迈的傅敏接受参访，谈及这段往事，他说：“幸亏没有结婚。要不，只会连累她，使她不幸！”傅敏的心，像父亲那般赤诚、善良。

父母惨死、胞兄出走、恋人分手，面对有冤无处申、有理无处讲的现实，傅敏生无可恋，终于走上绝路，欲跳河自尽。

傅敏跳了下去，谁知水浅，没有淹死。他还曾拼命地往墙上撞，头上撞出了个大窟窿，鲜血顿时涌了出来。他被人救起，紧急送去北大医院。医生在缝针的时候，麻醉针也没打，傅敏忍着剧痛，一声不吭。他左侧的头皮，从此留下一个碗大的疤。傅敏的头发从小是朝右梳的，跟他父亲的一样。此后，却不得不朝左梳，以掩盖那块疤痕。

傅敏痛不欲生，趁上厕所的时候，用湿手摸电门，企图再度自杀。然而，他穿的是胶鞋，触电未死。

傅敏俨然成了一个麻木的人。寒冬里，他躺在水泥地铺上睡觉，任由寒意肆虐，屋子里没有一丝暖意。

第三节　进修英国与兄聚，归国不忘赤子心

1978年，英国有人来华，傅聪托他打听到了弟弟傅敏的消息。

1979年5月，在伦敦街头，傅聪身边站着一位身穿银灰色西装、系着红色领带、头发朝左梳的中国人。他，就是傅敏。

傅敏这次来英国，是探望哥哥傅聪的。与此同时，他还报考了英国一所语言学校，进修现代语言专业。160多名考生，录取30人，傅敏考上了。傅聪负责照顾傅敏在英国的起居生活。

傅敏出国时，很多同事挥手相送。他们以为这一别会是永别，以为傅敏不会再回来了。其缘由可想而知，他的父母已经不在了，国内没有可牵挂的亲人；他本人曾备受折磨，不愿再待在伤心之地；他在英国有一名蜚声国际的哥哥；他是英文老师，从小在家受到西方文学的熏陶，以他的聪明才智，在英国找到一份体面的工作，也不是难事。

傅敏在1974年结婚，这次他的妻子也随他来到英国。妻子同样是英文

系毕业生，她来到英国，更是打算与傅敏一起定居英国了。

种种理由似乎证明傅敏不再回来了。出人意料的是，1980年7月27日，《人民日报》发表了一篇题为《介绍一封寄自海外的信》的文章。这篇刊文是傅敏写给在香港工作的朋友郭先述的一封信。郭先述读后，认为这是一篇怀着深沉爱国情怀的“自白书”，颇受感动，于是决定投稿《人民日报》，推荐发表。

郭先述同志：

我初步决定7月底到港，然后回国。

来英已有一年余，我就读的课程6月中旬结束，然后游览一下英国，最后，访问了一个college（学院）、两所小学。下周还将访问两所中学，准备待两天，这是我的重点。同时，我准备设法搞点教材，主要是教学和英语教材。英国的教育问题也不少，但也有一些值得我们学习的地方。

来此后，感想很多，总的感觉是：西方确实走在我们前头，但毕竟是资本主义，前途没有什么希望。相反我觉得中国今天虽然落后，但有潜力，只要政治稳定，彻底清除极左路线的流毒，我们的国家是最有希望、最有前途的国家……许多人都不理解我为什么要回去。其实，我出来时从没有不回去的念头……我觉得回去能尽自己的能力为国家做点有益的工作，我这一生才算没有白白度过，我也心安了。

有人说我是个极端的爱国主义者，我承认我是爱国的，但不是极端的，因为极端似含“排外”的意思。国内现在有那么一些人向往国外。如果是为了学点东西，再回去为国效劳，我很赞成；但如果是为了享受而想定居国外，一则我能理解，毕竟十年浩劫，极左路线把大家搞苦了；二则我不赞成，如果都往外跑，我们这个国家靠谁来建设？祖国好比是自己的母亲，我们能抛弃百病丛生的母亲不管吗？有的人是怕再来个反复，我觉得那已是不容易的事了，即使再来一次，那就不是我一个人的问题，而是整个民族的存亡问题。我宁愿与哺育我成长的人民共存亡。

也许从小父亲对我进行的爱国主义、民族主义的教育很深……我对祖国前途是乐观的，但是深知道路是曲折的。

这封信，写得如此诚恳。父亲的爱党爱国之心深深地影响着傅敏，傅敏同样是一位赤诚的爱国者，字里行间充斥着炽烈的爱国主义热忱。正如父亲所说“只要做好本门工作就很好”，傅敏做到了。诚如傅敏所写、所想、所做，他回国了，依然做他的中学英语教员。

傅敏从北京第一女中调到北京另一所中学，还是教英语。对待教学工作，他依旧勤勤恳恳、兢兢业业。粉碎“四人帮”后，学校里第一次评选先进工作者，在全校师生的极力推荐下，傅敏评上了。这是他有生以来第一次胸前戴上大红花。

随着傅雷夫妇被平反，傅敏的生活仿佛回到从前，过着平淡又忙碌的日子。傅敏从英国回来后，整理了傅聪保存的傅雷的近200封信件，全部复印，着手选编《傅雷家书》。

在傅敏的整理下，《傅雷家书》出版发行了。这些年来，傅聪一直将父亲写给自己的近200封信，保存得完完整整。1966年傅雷去世后，欧洲就有好几个杂志的负责人问傅聪这批书信，因为在国外很多朋友知道傅雷给他写过许多信，妻子弥拉也收到很多信。有出版社多次问他，愿出高价，都被傅聪拒绝了。因为傅聪觉得，父亲的家书有永恒的价值，是一个很特殊的中国知识分子典型的见证，他不愿意让这些家书成为任何一种好意或恶意的政治势力的工具。1979年傅敏去英国学习，仔细阅读了这些信件，回国时带了回来。之后《傅雷家书》问世，并在青年中引起激烈的谈论与反响。傅雷一家炽热的爱国情怀与深情的爱子之心，“激出一些青年人的感想，也可以间接传布给别的青年”，这才是《傅雷家书》真正的价值。

第四节 投身教育淡名利，太阳底下最光辉

1980年8月，傅敏从英国途经香港、上海，坐火车回到北京，刘凤梧亲自到火车站迎接他。一阵寒暄后，傅敏单刀直入，向刘校长提出两点要求："刘校长，我有两点要求，希望您能答应我、满足我！"

这在刘凤梧的意料之中，没想到傅敏提得这么快。他猜想，傅敏的要求，一定是调动工作。他是北京外国语学院毕业的高才生，迫于家庭关系，"屈才"当中学教员。如今，傅雷平反、傅聪名声在外，而他又是刚刚留洋归来，怎么还甘心待在中学？凭傅敏的业务能力，在大学当老师也是绰绰有余。即便不去大学，凭借父亲的人际关系，去哪个出版社当编辑，或者像父亲那样从事文学翻译，也比在中学当个普通教师强百倍。

出乎意料的是，傅敏的两点要求与刘凤梧想的完全不一样。傅敏说："第一，我不当任何'长'（出国前他是该校外语教研组组长），以便集中精力钻研教学；第二，要办离婚手续。离婚了，没房子，请求在学校里

住宿。”

竟然是这两点要求，刘校长爽快答应下来。

从此，傅敏真的不当任何“长”，一直是一名普通的中学英语老师。学校为安排他住宿，腾出一间空余的教室给他住。

叶永烈先生采访过刘凤梧校长。刘校长与傅敏共事10多年，既是傅敏的老领导、老上级，也是傅敏的挚友、知己。刘校长谈及傅敏时说：“在多年的接触中，傅敏从来说真话。他心口如一、直爽、热情、不奉承、不追求名利，对教学极端负责，精益求精……”傅敏的品性具体表现在很多生活、教学小事中。

傅敏曾获得“三连冠”，连续三年被评为学校的先进工作者。1984年，被区里评为“优秀园丁”（全校只他一人当选）。此外，他还获得电化教育优秀奖。

傅敏教中学英语，一般人看来，他不备课也能教得好好的。然而，傅敏的业余时间，除了为父亲编文集，全部用在备课上。他自编了六册英语补充教材。他的课堂是全英语教学。他讲一个词，有时用动作说明，有时用实物说明，有时用故事说明……他从不搞“题海战术”，学生很轻松。他的教学方法别具一格，教学质量名列全校第一。

傅敏整理的所有补充教材、习题、试卷，都用自己的英文打字机打印。

1981年，他跟班教英语，一连三年，从初一教到初三，写出3万多字的教学总结。1984年7月，傅敏还曾到河南登封就初中英语教学方法讲学。

他不当任何“长”，但是大家一致推举他为区人大代表，他无法推辞，并且连任两届。

人大代表的职责是代表人民的利益和意志，傅敏当上人大代表之后，给刘校长写了20多封信。信封上都写着“面呈刘校长”，内容都是为民请命，从来不是为了他自己。傅敏那颗赤诚的心跃然纸上，让人感受到火一般的炙热。

刘校长：

躺在床上，白天听到的许多事，使我无法入睡，干脆跟你笔谈吧！

您批评戴××、冯××两位同志表现不好。难道说话直率、敢于揭露矛盾、说话态度生硬了一点，就是表现不好吗？

……这两位同志在初一招生工作中，不辞辛苦，不以权谋私，根据原则办事。从去教育局招生到开迎新会，制定年级计划，都是两人一起干的。他们俩都不是党员，能那么忠心耿耿地干，这种精神实为可贵！

您手下有的干部说：“这两人难领导。”我看如果不按原则办事，这两人确实难领导，因为他们敢于同不良现象做斗争。

您要按原则办好学校，难处当然不小，问题是您顶得住顶不住。

刘校长，我这个人就是爱提意见，心里有话就得说。有人劝我：“管他呢？你管得着吗？回头给你穿小鞋。”

说实话，我要怕给我穿小鞋，我就什么也不说了。我该俯首时俯首，该帖耳时帖耳，不该时就用牛角尖顶你！我为什么不怕？因为我没有什么奢望，我只想为了学生教好书。我做的一切只要对得起学生，能把学生培养成为对国家对人民有用的人才，我就心满意足了，我这一辈子也就没白过。当我离开这个世界时，我就敢于去见我的父母。

傅敏

1984年8月25日凌晨2点

傅敏不怕别人给他“穿小鞋”，不在乎别人怎么想、怎么看，只要怀着一颗为学生、为人民谋福利的心，便问心无愧。通过傅敏真诚的信，仿佛看到了年轻时的傅雷，“看不入眼的事，就要讲出来；看不惯的，就合不来”。

刘校长：

……星期六（22），学校暖气不好。您身为校长，当然生气，因为您过去一直注意这个保暖问题，众所周知。但是您不了解情况，把气出在了周××同志身上，这是不公平的。

您让周××同志在七天内离开学校，要他自谋出路，这个做法也是欠考虑的。

……我反映一个情况，即许多群众对校长您这次这么处理周××同志，感到震惊，感到愤然不平（不是一两个人，而是一批人）。为什么？为什么？为什么？老刘啊！值得您深思啊！深思啊！

热切地希望您千万冷静三思，咱们都是从历次斗争中过来的人，处理人的问题，尤其是处理一个知识分子、一个干部的问题，要慎重，慎重，再慎重啊！

我写到这里，掉眼泪了，我希望您能理解我这种热泪。

傅敏

1984年12月25日夜

学校里的老师，谁有什么事，都爱和傅敏说。傅敏俨然成为群众与校长之间沟通的桥梁。傅敏同他父亲一样，直言不讳，刚正不阿，却又心怀赤诚，诚如楼适夷对他的评价："他淡于名利，安心于做一个普通的中学教员。论品格，不在傅聪之下……"

谈到傅敏为什么甘心做一名普通的中学教员，他笑了，答道："我大学刚毕业的时候，对中学教育工作平凡而伟大的意义毫无认识。当时，《世界文学》的主编陈冰夷找我爸爸，想把我调去，结果爸爸说：'他现在工作得很好，也很安心，不要去干扰他，引起思想上的波动。'就这样，我一直在中学教英语。如今，我是有20多年教龄的中学教师，我深深地爱上了自己的职业。中学教师是很光荣的，是灵魂的工程师，是神圣的职业。在英国，他们的中学教师，倒是大学毕业的，教材也编得好，可惜教师缺乏事业心，缺乏高尚的献身精神。他们教书是为了赚钱，上课时学生听不听他不管，一看手表，到了时间，课没讲完也马上下讲台回去。这一点与我们中国很不一样。出去一年，我真感到我们中国的中学教师是最好的教师。我们中国有些中学教师为了培养学生，不计时间，不讲报酬，工资虽然低，命都舍得豁出去……我为做一个中学教师而感到自豪。在外国人面前，我总是很响亮地说我是中国的一个中学教师！"

你们这些生在今日的人，你们这些青年，现在要轮到你们了！踏在我们的身体上面向前吧！但愿你们比我们更伟大、更幸福。

我自己也和我过去的灵魂告别了；我把它当作空壳似扔掉了。生命是连续不断的死亡与复活。克利斯朵夫，咱们一齐死去，预备再生吧！

罗曼·罗兰语

傅雷译

傅雷是做事极度认真且性格直率的人，所以他的名字叫“雷”。他曾在20世纪30年代翻译了《约翰·克利斯朵夫》，到了50年代，傅雷重新看过自己之前的译文后，不满意当年的翻译，于是又把这部100多万字的巨著重新翻译了一遍。翻译是一份很吃力的工作，别人只是在原有的译文上面修改，而他则是推翻了重新再译。

朱梅馥与傅雷的性格搭配得很完美，相辅相成。傅雷做事仔细，朱梅馥则是大大咧咧；傅雷脾气暴躁，朱梅馥则温顺随和，几乎所有傅雷的朋友都说傅雷夫人是贤惠又温和的人。

傅聪和傅敏兄弟二人的性格截然相反：傅聪像妈妈，长相也像，性格亦不拘小节，对文学、诗词、音乐、艺术等方面非常感兴趣；傅敏是非常细致的人，细心、热忱，完全是傅雷的翻版。

这是一个特殊时期的特殊的知识分子家庭的人生故事。傅雷一家四个人四种性格，由此也造就了四个人不同的人生之路。

第五章

字字如珠玑，句句是箴言：家书中的父与子

《傅雷家书》是一本“家书”，是父亲写给儿子的家信，内容主要是傅雷写给长子傅聪的信，也包含写给次子傅敏和长媳弥拉的信。这是一本父亲写给子女的书信集。

往来互通是书信的固有形式。起初，傅聪并不打算将他们父子之间的信公之于众。他说：“我父亲写给我的信，体现了他的思想，他的思想是非常高尚的。相比之下，我写给他的信是不足为道的。所以我的信请不要收进去。”早年出版的《傅雷家书》没有收编傅聪的信件。而如今再版的《傅雷家书》，收录了父子之间所有的往来书信，正如傅聪所说，傅雷的思想都体现在他的信中，而当时远在国外的傅聪，依然是父母眼中稚气未脱的孩子。傅聪的言语中充满了直率和莽撞，所说所做都牵挂着傅雷夫妇的心。

信分两种：一种是单纯地讲事情，像公文一样，讲完就结束了；而像傅雷家书这样的信，是另外一种，它带有思想、文学、艺术等色彩，具有深刻的艺术价值。它不是一般的书信，这本书超出了一般家书的范围，是傅雷教育、哲学、艺术思想的体现，是傅雷人格最集中的体现，传承着傅氏家族“宁可站着死，不愿跪着生”的豪迈家风。

第一节　“先做人，后做艺术家”

我始终认为弄学问也好，弄艺术也好，顶要紧是humain（法文，意为人），要把一个“人”尽量发展，没成为某某家以前，先要学做人；否则那种某某家无论如何高明也不会对人类有多大贡献。（傅雷致傅聪，1954年12月27日）

《傅雷家书》是一部充满父爱的苦心孤诣、呕心沥血的教子篇。父爱，是世界上最厚重而深沉的情感。父亲是火，在冰天雪地里给予我们温暖；父亲是树，用身躯为我们遮挡风雨；父亲是灯，在成长路上为我们指引方向。然而，像傅雷这样的父爱是不多见的：为了傅聪专心练琴，文史方面的教材都由傅雷亲自编选、抄写国文课本、抄写五线谱，甚至在傅聪远在异国时，在信中提及喜爱希腊精神，傅雷也会“特意抄出丹纳《艺术哲学》中第四编‘希腊的雕塑’译稿6万余字，订成一本”，邮寄英国。傅雷“每天抄录一段，前后将近一月方始抄完第四编”。

对于傅雷的家庭教育，很多人提出过批判。1957年8月24日，《文汇报》和《解放日报》曾刊登《从傅聪成长驳傅雷的谬论》一文。1956年11月19日，傅雷曾发表名为《傅聪的成长》，其中主要论述了傅聪的成长过程和傅雷的教育方式。文章开篇，傅雷阐述了自己对教育的几个基本观念：

第一，把人格看作主要，把知识与技术的传授看作次要。童年时代与少年时代的教育重点，应当在伦理与道德方面，不能允许任何一桩生活琐事违反理性和最广义的做人之道；一切都以明辨是非，坚持真理，拥护正义，爱憎分明，守公德，守纪律，诚实不欺，质朴无华，勤劳耐苦为原则。

第二，把艺术教育只当作全面教育的一部分。让孩子学艺术，并不一定要他成为艺术家。尽管傅聪很早学钢琴，我却始终准备他更弦易辙，按照发展情况而随时改行的。

第三，即以音乐教育而论，也决不能仅仅培养音乐一门，正如学画的不能单注意绘画，学雕塑学戏剧的不能只注意雕塑与戏剧一样，需要以全面的文学艺术修养为基础。

傅雷的家庭教育的特点之一是严，大概是傅雷母亲的教育方式造成的影响。傅雷易怒，有时只为一点点小事，或是自己不满意自己，就会突然发脾气，毁坏手边的物品。平静下来后，又会懊悔不已。母亲的严格教育，又造成他极端认真的性格、有条有理的生活方式和一般人难以接受的交往方式。从《傅雷家书》中处处可见傅雷对自己严格又细致的要求：

一是到别人家里，进了屋子，脱了大衣，却留着丝围巾；二是常常把手插在上衣口袋里，或是裤袋里。这两件都不合西洋的礼貌。围巾必须和大衣一同脱在衣帽间，不穿大衣时，也要除去围巾，手插在上衣袋里比插在裤袋里更无礼貌，切忌切忌！何况还要使衣服走样，你所来往的圈子特别是有教养的圈子，一举一动务须特别留意。对客气的人，或是师长，或是老年人，说话时手要垂直，人要立直。你这种规矩成了习惯，一辈子都有好处。

在饭桌上，两手不拿刀叉时，也要平放在桌面上，不能放在桌下，搁在自己腿上或膝盖上。你只要留心别的有教养的青年就可知道。刀叉尤其不要掉在盘下，叮叮当当的！

出台行礼或谢幕，面部表情要温和，切勿像过去那样太严肃。这与群众情绪大有关系，应及时注意。只要不急，心里放平静些，表情自然会和缓。

甚至“坚持真理的时候必须注意讲话方式、态度、语气、声调……”傅雷的教育渗透到儿子生活的方方面面。有时傅聪的粗心让傅雷感到不快，母亲朱梅馥担心这会影响父子感情，便写信提醒傅聪：

你成长以后和我们相处的日子太少，还有一个方面你没有懂得爸爸。他有极delicate（细致）极complex（复杂）的一面。……此中痛苦，此中顾虑，你万万想不到。我没有他那样执着，常常从旁劝慰。……不论在哪一方面，你很懂得爸爸，但这方面的疙瘩，恐怕你连做梦也没想到过；我久已埋在心头，没有和你细谈。为了让你更进一步，更全面地了解他，我觉得责任难逃，应当告诉你。……你是聪明人，一定会想法安慰爸爸，消除他心中的

complex（矛盾）！

傅雷的家庭教育的另一个特点是敢于表达爱，敢于承认错误。人们都说父爱深沉，平时让人感受不到，但它却真实存在。《傅雷家书》中，处处可见傅雷对傅聪爱的表达："我从来没爱你像现在这样爱得深切""我愈来愈爱你了，除了因为你是我们身上的血肉所化出来的而爱你以外，还因为你有如此焕发的才华而爱你：正因为我爱一切的才华，爱一切的艺术品，所以我也把你当作一般的才华（离开骨肉关系），当作一件珍贵的艺术品而爱你""了不起！亲爱的孩子！我们对你若非已爱到无以复加，就要为此更加爱你了""你该知道我这个爸爸不仅是爱孩子，而且热爱艺术；爱你也就是为爱艺术，爱艺术也是为爱你！"字里行间这浓浓的父爱又怎能不激励着傅聪向着更优秀的自己迈进。深爱也要说出口，有些时候，父母敢于向孩子吐露自己的深情，或许是孩子前进最好的动力。

爱是《傅雷家书》的主题，字里行间无不洋溢着这个主题。傅雷在家书中，用了一系列比喻来形容父子之间的关系：

园丁——傅雷称傅聪为"园丁以血泪灌溉出来的花果"。（1954年1月19日）

舵工——"我是你的舵工，责任最重大。"（1954年12月27日）

手杖——"把我们的经验和冷静的理智，献给你们，做你们一支忠实的手杖。"（1955年4月21日）

警卫——"为你这儿子做园丁与警卫的工作；这是我的责任，也是我的乐趣。"（1957年3月18日）

影子——"我做父亲的只想做你的影子，既要随时随地帮助你、保护

你，又要不让你对这个影子觉得厌烦。”（1955年5月8日至9日）

正因为傅雷舐犊情深，才使他具有超乎想象的严厉和细致。也正因如此，在1956年10月3日的家书中，他将傅聪比作“一件珍贵的艺术品”。这就是傅雷。母亲朱梅馥曾在给傅聪的信中写道：“你的成功应该是你们父子二人合起来的。”这可谓是对傅雷“长篇累牍，鸿雁传书”苦心的绝好注脚。傅雷的浩浩心意、殷殷关爱犹如爱的絮语，滋润着、感动着并教育着每一位读者。

傅雷教育了儿子，儿子也教育了他。傅雷平等地对待自己的儿子，把父子关系比作朋友关系。父子之间真正成为朋友的关系是在出国几年之后，傅聪回忆说：“一九五六年回上海，跟爸爸聊天的时候，他那种特别的感觉，就是父亲和儿子真的变成朋友了！我说的很多话，他都会肃然起敬，我讲音乐上的道理，他觉得已经到了一个水平。对他来说，这不是父亲和儿子的问题，是学问的问题，在学问面前他是绝对的谦虚！”1956年暑假傅聪回到上海的家，在家里觉睡得很少，跟家人有说不完的话。特别是跟傅雷，日日促膝长谈，谈的是各种各样的题材，音乐、美术、哲学……傅聪回到波兰后，傅雷在信中说：“谈了一个多月的话，好像只跟你谈了一个开场白。我跟你是永远谈不完的，正如一个人对自己的独白是终生不会完的。你跟我两人的思想和感情，不正是我自己的思想和感情吗？清清楚楚的我跟你的讨论和争论，常常就是我跟自己的讨论和争论。父子之间能有这种境界，也是人生莫大的幸福。”

傅雷还说：“我做爸爸的总是犯了很多很多重大的错误。”“我永远补赎不了这种罪过！”傅雷是一位敢于承认自己错误的父亲。他放下了父亲的架子，在家中这样忏悔："孩子，我虐待了你，我永远对不起你，我永远补赎不了这种罪过！"如此襟怀坦白的父亲，不得不令人折服。

傅雷反思自己的教育方式过于严厉，过于偏激，但他始终坚持一个原则：做人第一，其次才是做艺术家，再次才是做音乐家，最后才是做钢琴家。他说的"做人"是把私德、功德都包括在内的，主要是对集体负责，对国家、对人民负责。傅雷谈教育，重在强调做人。《傅雷家书》中处处可见他这一观点：

哪个人教育一个年轻的艺术学生，除了艺术，再加上这么多的道德的？我完全信任你，我多少年来播的种子，必有一日在你身上开花结果——我指的是一个德艺俱备、人格卓越的艺术家！

我始终认为弄学问也好，弄艺术也好，顶要紧的是humain（法文意为人），要把一个"人"尽量发展，没成为某某家以前，先要学做人；否则那种某某家无论如何高明也不会对人类有多大贡献。

同时，做人的前提是做一个有德行的人。道德教育应具备哪些品质，傅雷在给傅聪的信中也有明确论述。

真诚——"大多数从事艺术的人，缺少真诚。因为不够真诚，一切都在嘴里随便说说，当作唬人的幌子，装自己的门面，实际只是拾人牙慧，并非真有所感。所以他们对作家决不能深入体会，先是对自己就没有深入分析过。这个意思，克利斯朵夫（在第二册内）也好像说过的。

"真诚是第一把艺术的钥匙。知之为知之，不知为不知。真诚的'不懂'，比不真诚的'懂'，还叫人好受些。最可厌的莫如自以为是，自作解人。有了真诚，才会有虚心，有了虚心，才肯丢开自己去了解别人，也才能放下虚伪的自尊心去了解自己。建筑在了解自己了解别人上面的爱，才不是盲目的爱。

“而真诚是需要长时期从小培养的。社会上，家庭里，太多的教训使我们不敢真诚，真诚是需要很大的勇气作后盾的。所以做艺术家先要学做人。艺术家一定要比别人更真诚，更敏感，更虚心，更勇敢，更坚忍。总而言之，要比任何人都less imperfect（较少不完美之处）！”（1956年2月29日夜）

谦虚——“细细想一想，多辨别几时，再作断语。这不但对音乐为然，治一切学问都要有这个态度。所谓冷静、客观、谦虚，就是指这种实际的态度。”（1955年6月16日）“遇到极盛的事，必定要有‘如临深渊，如履薄冰’的格外郑重、畏惧、戒备的感觉。”（1955年3月20日上午）

耐性——“要有耐性，不要操之过急。越是心平气和，越有成绩。时时刻刻要承认自己是笨伯，不怕做笨功夫，那就不会期待太切，稍不进步就慌乱了。”（1955年5月16日）“但切勿急躁，妨碍目前的学习。以后要多注意：坚持真理的时候必须注意讲话的方式、态度、语气、声调。要做到越有理由，态度越缓和，声音越柔和。坚持真理原是一件艰巨的斗争，也是教育工作；需要好的方法、方式、手段，还有耐性。”（1956年4月29日）

反思——“批评与自我批评所以能成为有力的武器，也就在于它能培养冷静的科学头脑，对己、对人、对事，都一视同仁，作不偏不倚的检讨。而批评与自我批评最需要的是勇气，只要存着一丝一毫怯懦的心理，批评与自我批评便永远不能作得彻底。我并非说有了自我批评（即挖自己的根），一个人就可以没有烦恼。”（1955年12月11日夜）“子路‘闻过则喜’，曾子的‘吾日三省吾身’，都是自我批评与接受批评的最好的格言。”（1955年12月21日晨）

学问通透——“为学最重要的是‘通’，‘通’才能不拘泥，不迂腐，不酸，不八股；‘通’才能培养气节、胸襟、目光；‘通’才能成为‘大’，不大不博，便有坐井观天的危险。”

傅雷也提出了关于培养人才的观点，他以为，“任何学科，中人之资学之，可得中等成就，对社会多少有所贡献”。这与孔子云“中人以上，可以语上也；中人以下，不可以语上也”有异曲同工之妙。但是，艺术人才则不然，“艺术特别需要创造才能，不高不低，不上不下之艺术家，非特与集体无益，个人亦易致书空咄咄，苦恼终身”。所以，傅雷决心将傅聪培养成世界第一流的钢琴家，而“半路出家”的傅敏则不得不放弃喜爱的小提琴，“安分守己学一门实科”。

长大后的傅敏在接受记者采访，谈及父亲的教育风格时，解释说：“的确，在小时候，父亲打我们，而且父亲有这样的特点，你越哭，他越打，我当时真的恨得咬牙切齿。但是，每一次挨打，我都明白原因，有时是调皮捣蛋，有时是做错事，比如撒谎。我的父亲严在哪儿？严在对做人原则的坚持，像撒谎、做事不认真、不负责任——对这些，他从不姑息。在《傅雷家书》中，父亲也提到了这些往事，他有心痛和忏悔，他在给我哥哥的一封信里曾经很坦诚地告白，‘跟着你痛苦的童年一齐过去的，是我不懂做爸爸的艺术的壮年。幸亏你得天独厚，任凭如何打击都摧毁不了你，因而减少了我一部分罪过。可是结果是一回事，当年的事实又是一回事：尽管我埋葬了自己的过去，却始终埋葬不了自己的错误。孩子，孩子！孩子！我要怎样拥抱你才能表示我的悔恨与热爱呢！’事实上，随着我们年龄的增长，父亲也在不断改进他的教育方法，他说在我们两个孩子身上学到了很多，他是和我们一起成长的。他也说过这样的话，来表达他和我们之间的融洽交流，‘我兴奋的是我又多了一个朋友：儿子变成朋友，世界上有什么事可以和这种幸福相比的！孩子，我从你身上得到的教训，恐怕不比你从我这里得到的少。尤其是近3年来，你不知使我对人生多增了几许深刻的体验，我从与你相处的过程中学得了忍耐，学到了说话的技巧，学到了把感情升华！’我的父亲是一个很认真的人，他把家庭教育也当成一门学问在做，在我们成长的20多年里，他不停地在反思和我们交流的得失。而且，很重要的一点，我哥哥能成长

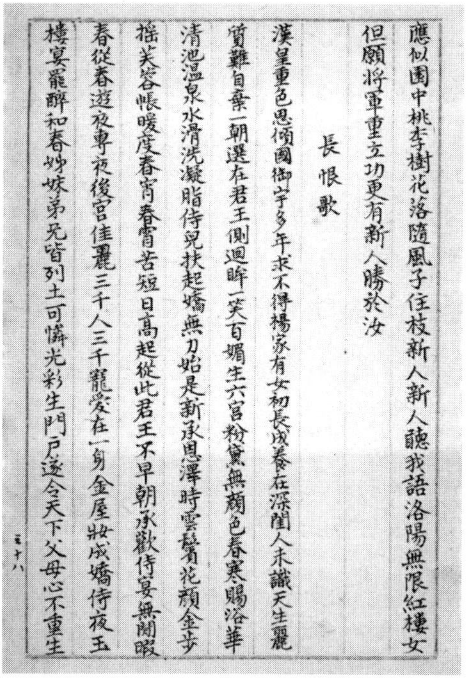
應似園中桃李樹花落隨風子在枝新人新人聽我語洛陽無限紅樓女
但願將軍重立功更有新人勝於汝

長恨歌

漢皇重色思傾國御宇多年求不得楊家有女初長成養在深閨人未識天生麗質難自棄一朝選在君王側迴眸一笑百媚生六宮粉黛無顏色春寒賜浴華清池溫泉水滑洗凝脂侍兒扶起嬌無力始是新承恩澤時雲鬢花顏金步搖芙蓉帳暖度春宵春宵苦短日高起從此君王不早朝承歡侍宴無閑暇春從春遊夜專夜後宮佳麗三千人三千寵愛在一身金屋妝成嬌侍夜玉樓宴罷醉和春姊妹弟兄皆列土可憐光彩生門戶遂令天下父母心不重生

三十八

傅雷手抄古诗词

为一名优秀的音乐家，这是和父亲对他在道德、人格和人文艺术方面的许多培养分不开的，假如仅仅是棍棒下的练习，那么我父亲说过，这只能是一般的钢琴匠，他对艺术、对社会根本没有任何贡献。父亲提到过关于练琴的家庭教育，他认为‘家长们只看见你以前关门练琴，可万万想不到你同样关心琴以外的学问和时局；也万万想不到我们家里的空气绝对不是单纯的，一味地音乐，音乐，音乐的！’

“父亲给予我们的许多是身教，父亲爱憎分明，情感强烈，他对我们的教育不是教条式的、口号式的，但这样的教育却是扎到我们成人的根子里的。”

值得注意的是，傅雷与傅聪的交流并不局限于钢琴艺术的探讨，他跟傅聪探讨唐宋诗词、老庄哲学、希腊精神，谈《人间词话》，谈敦煌壁画，谈水印木刻……傅雷特别欣赏陆游“功夫在身外”的观点，他认为艺术是互通的。就傅雷自身的成就，他精通中西艺术，知识结构非常广博，傅聪能够中西贯通，将音乐与诗词结合起来，离不开傅雷的教育。《傅雷家书》体现了傅雷对人生、对艺术、对教育的见解，是傅雷思想的结晶。

第二节 “中国人气质，中国人灵魂”

> 我是你的舵工，责任最重大；从你小时候起，我都怕好话把你宠坏了。现在你到了这地步，样样自己都把握得住，我当然不再顾忌，要跟你说：我真高兴，真骄傲！中国人的气质，中国人的灵魂，在你身上和我一样强，我也大为高兴！（傅雷致傅聪，1955年12月27日）

傅雷的爱国之情溢于言表，《傅雷家书》中洋溢着他炽热的爱国主义情怀。傅雷年少时远离故土，赴法留学。航行途中，傅雷处处以国家民族为重，自觉地表现出作为一个中国人所应有的自豪感。在船上，傅雷结识了同样怀着“热爱祖国、有志报国、振兴中华的共同愿望”的青年人洪永川。安顿好床铺后，傅雷对洪永川说：“为了维护祖国的荣誉，不让洋人轻视我们中国人，除各自注意日常生活中要讲文明礼貌外，我们应该订出几条口头公约，自觉遵守，相互监督。”洪永川完全赞同傅雷的提议，他们便立了这么几条规定：

一、维护中国人的尊严，不卑不亢对外国人，不失国格。

二、在公共场合，不论寒暑都应穿着合时服装，打好领结，内外衣服整洁。

三、按时进入餐厅，席间无故不离开，进膳时不大声说话，但也不默然用膳。

四、在餐厅和其他公共场合，各自注意姿势和举止，如发现对方有失检之处，当即用华语轻轻提醒，随时改正。

自幼受到母亲严格管教的傅雷，这时已经成为一个自律性极强的人。船行使到达锡兰（今斯里兰卡）首都科伦坡时，傅雷与洪永川穿戴整齐，英姿飒爽，人们向他们二人投来好奇又友好的目光。唯独一位英国人，傲慢地走过来问他们："你们是日本人吧。"

傅雷一听，立刻面带愠色回答道："我们是中国人，是黄帝的子孙。"

洪永川把傅雷的话翻译成英文给那个英国人听，那个英国人听后耸了耸肩膀，又以疑问和不屑的口吻说："中国人，不可能吧？"

英国人的口吻和态度令傅雷怒不可遏，他疾言厉色地驳斥道："先生，为什么我们不是中国人？"

英国人又语中带刺回答道："因为你们穿戴时髦，像日本人呢！"

英国人的傲慢与偏见完全激起了傅雷和洪永川的愤怒。他们二人反唇相讥："可惜你见识不广，有眼无珠，我们是堂堂中国人，为何硬说是日本人？""真是岂有此理！"

这个英国人自讨没趣，说了声“先生们，对不起了”便悻悻地离开了。

通过这件事和傅雷在法国留学期间遇见的种种华侨遭人歧视的经历，傅雷更加坚定了今后献身于文艺事业的愿望，以唤醒沉睡中的中华民族。他说：“我爱我们的祖国，她虽然贫穷落后，但她是抚育我的故土。我们中国人要为国家争一口气，使她快快繁荣富强起来。东方的睡狮呀，你到底什么时候能醒过来啊！”

回国后，傅雷成为著名的翻译家，努力地用文字的力量唤醒沉睡的中国。有了傅聪和傅敏之后，傅雷的爱国主义情怀深深地刻印在孩子身上。《傅雷家书》中有三个时刻，集中体现傅雷鲜明的爱国之情：

一是傅聪赴波兰获得肖邦国际钢琴比赛大奖之际。1953年3月21日，傅雷得知傅聪获奖，当即写信祝贺，“我们也因你替祖国增光而快乐！”称赞傅聪“替新中国创造了一个辉煌的世界纪录”。而后，傅聪在波兰学琴，傅雷常常写信，一遍又一遍地督促傅聪在异国更要怀抱热爱祖国的心。“你不是抱着一腔热情，想为祖国、为人民服务吗？而为祖国、为人民服务是多方面的，并不限于在国外为祖国争光，也不限于用音乐去安慰人家——虽然这是你最主要的任务。”傅聪的回信也常常表达对祖国的爱与思念，“这次（指比赛期间）无论谁（波兰的和其他国家的）批评我的演奏时，总处处提到中国的古老文化。那是使我最快乐的，因为能使别国人通过我而更崇敬祖国的文化。我也相信我们中国人具备别国人所没有的优越条件，将来一定会开出极美的花朵来”。

二是傅雷受到“批判”，傅聪出走之时。傅聪因一时冲动和误会，选择出走英国。傅雷因自身被“批斗”和傅聪的“出走”十分苦闷，将近两年没有主动与傅聪联系，但是傅雷的心始终牵挂着儿子。后来傅雷在信中郑重地告诫傅聪：“你既没有忘怀祖国，祖国也没有忘了你，始终为你留着余地，等你醒悟。我相信：祖国的大门是永远向你开着的。……你如今每次登台都与国家面子有关；个人的荣辱得失事小，国家的荣辱得失事大！你既热爱祖国，这一点尤其不能忘了。”母亲朱梅馥去信说：“我们除了一片热忱的爱子之心之外，但愿你自觉的醒悟过来。一个人身在国外，对祖国的怀念是深切的，不论做人方面、事业方面，处处要保持我们中国人传统的谦虚和大方。”傅雷父子之间的通信，除了反复地讲为人之道、艺术修养，还更加突出地提醒傅聪热爱祖国、不忘民族尊严，继承民族优秀文化传统的重要性。

三是傅聪加入英国国籍之时。傅聪出走后，曾公开表示“不入英国籍”。但他经常出国演出，不加入英国籍会带来诸多不便，最终还是无奈于1964年加入英国籍。对于傅聪入英国籍这件事，傅雷信中表示“几次三番动笔写你的信都没能写成，而几个月来保持沉默，也使我魂不守舍，坐立不安”。傅雷深深地理解儿子的处境，他的为难，他的迫不得已的苦衷。“民族自尊心受了伤害，非短时期内所能平复。”“不经过这次考验，我也不知道自己在这方面的感觉有这样强。”傅雷的脾气秉性是那样急躁浓烈，爱国之情让身边人都能真切感受得到。自己的爱子出走、入英国籍，对傅雷来说是沉重的打击。他虽理解傅聪的痛苦与无奈，却也“精神上老罩着一道阴影，心坎里老压着一块石头”。

傅聪能够始终保持着一颗中华民族的赤子之心，与从小傅雷的悉心教导是分不开的。难能可贵的是，傅雷教导傅聪凡事要以国家民族为重的同时，他自己正身处逆境。很长一段时间，与傅聪的通信皆由母亲朱梅馥代笔。1957年，母亲给傅聪的信中提道：“爸爸经过这次考验，总算有些收获，就是人家的意见太尖锐了，或与事实不符，多少有些难受，……爸爸说他过去老是看人家好的地方，对有实力的老朋友更是如此，活到五十岁了，才知道人不是那么简单，老朋友为了自己的利害关系，会出卖朋友，提意见可以乱提，甚至造谣，还要反咬一口，……好在爸爸问心无愧，实事求是。可是从会上就看出了一个人的真正品质，使他以后做人要提高警惕。爸爸做人，一向心直口快，从来不知‘提防’二字，而且大小事情一律很认真对付，不怕暴露思想；这次的教训可太大太深了。我就连带想起你，你跟爸爸的性格，有许多相同的地方，而且有过之，真令人不寒而栗。”第二年，她在给傅聪的信中说：“爸爸的身体很糟，除一般衰弱及失眠外，眼睛又出了毛病，初发觉时常常发花，发酸，淌泪水，头痛，他以为眼镜不对，二个月以前请眼科医生验光，才发觉不是眼镜之故，根本是眼睛本身的病，因为用脑力、视力过度，影响了视神经衰退……”

傅雷的爱国主义教育，使远在异国的傅聪始终不忘自己的“根”。远游的孩子就如同空中摇曳的风筝，始终有一条线跟祖国紧紧相连。

> 你谈到中国民族能“化”的特点，以及其他关于艺术方面的感想，我都彻底明白，那也是我的想法。多少年来常对妈妈说：越研究西方文化，越感到中国文化之美，而且更适合我的个性。我最早爱上中国画，也是在二十一二岁在巴黎卢佛宫钻研西洋画的时候开始的。这些问题以后再和你长谈。妙的是你每次这一类的议论都和

我的不谋而合，信中有些话就像是我写的。不知是你从小受的影响太深了呢，还是你我二人中国人的根一样深？大概这个根是主要原因。（傅雷致傅聪，1965年5月27日）

傅雷赤诚的爱国之情不仅感染着身边的朋友，两个儿子也深深地继承了傅雷的优良品质，他们将渔潭傅氏“广德志善彰，忠良万世昌。圣贤仁义学，恭敬信乃祥”的优秀家风传承了下来，闪耀着瞩目光彩。国外的傅聪用自己优美的琴声，唤起人们对中国的尊敬；国内的傅敏在自己平凡的岗位上，培育出一代又一代为祖国贡献力量的接班人。

《傅雷家书》是一部生动的爱国主义读本。在这里，傅雷不是空说教，而是用自己的切身体验以及一颗热烈的赤子之心，感动读者，牵动着千千万万颗爱国之心。

第三节　“理性认识”与“感情深入”

音乐主要是用你的脑子，把你朦朦胧胧的感情（对每一个乐曲、每一章、每一段的感情）分辨清楚，弄明白你的感觉究竟是怎么一回事；等到你弄明白了，你的境界十分明确了，然后你的technic自会跟踪而来的。……现在我深信这是一个魔障，凡是一天到晚闹技巧的，就是艺术工匠而不是艺术家。一个人跳不出这一关，一辈子也休想梦见艺术！艺术是目的，技巧是手段：老是只注意手段的人，必然会忘了他的目的。（傅雷致傅聪，1954年11月23日夜）

在《傅雷家书》“代序”中，楼适夷说：“这是一部最好的艺术学徒修养读物。”青年的傅雷是一位勤勉的艺术学徒，曾留学浪漫之都——法国。他把傅聪当作“一个讨论艺术”的“对手”，把书信当作讨论艺术的场所。父子俩兴趣相投，彼此的职业也有互通性。翻译家和钢琴家，都是在别人的作品中融入自己的创作才华，铸造出一部既有原作者的风格，又有自己劳动的新作品。傅雷的译文与傅聪的琴声，都是以别人的作品为基础而发挥自己的才能。因此，《傅雷家书》中有大量父子俩交流探讨关于艺术的话语，可以说，《傅雷家书》也是一部“傅雷谈艺录”。

作为文学家和翻译家，傅雷精通中外文学自不必说，但他的修养和视野并不局限于此。他虽然不是美术家和音乐家，但凭借超高的悟性和长期的欣赏实践，以及对美术与音乐的鉴赏，在文、史、哲三方面都有着深切的理解。更可贵的是，他不仅将自己掌握的文化、哲学、艺术知识与人生体悟相互交融，而且将这些理论高度概括，凝练成与艺术活动相关的方法论。傅雷对艺术的深刻理解，皆得益于早年留学法国的经历，他的足迹遍及欧洲各地的诸多艺术宫殿，观赏过大量艺术原作，他还在法国专攻文艺理论和艺术史课程。回国后，他虽然短暂地从事过艺术类教职，但最终还是回到他最爱的文学作品的翻译工作中。常年不断地进行文学翻译和艺术鉴赏，傅雷不仅成为中国著名的翻译家，而且将傅聪培养成世界一流的钢琴家，这都与他在文学艺术上的高深造诣和精湛的鉴赏力分不开。

20世纪20年代末30年代初，西方现代文艺思潮不断涌入中国，中国文艺界在光怪陆离的“冲击”下，陷入六神无主的恐慌和迷惘。面对西方文艺思潮和艺术流派的来临，面对中西文化冲突迸发的火花，一些中国人的抗拒阻碍，却显得软弱无力；另一些中国人表面逢迎，却只是捡拾人家的皮毛而已。

早年接触西方现代文学艺术的傅雷，看到中国文艺界的惊慌失措，却表现出异常的冷静。他看出中国文艺界惊慌的根源，认为当时分两种人，一些人“严拒新思想”，是由于受制于传统文化的束缚，无法将内心情感与时代精神相结合；一些人“跟着人家跑”，是由于“被外来文化征服而全然抹杀了自己”。傅雷说“一种艺术，到了颓唐的时代”，就会出现这两种情形。无论是“幽闭在因袭的樊笼中的画家”，还是“自命为前锋、为现代的洋画家”，“实际上都脱离不了模仿”。无论哪种情形，都预示着中国艺术陷入颓唐的时代。傅雷说：“显然前者比后者更有再生——或者说返老还童的希望。”因为前者虽然固执己见，但仍然保有清醒的头脑。“一个古老的民族，在表面上虽然要维持它古文化的尊严而努力摒拒新文化，但良心上已经暗暗地估量这新文化的价值，把它与固有文化的价值评衡。而‘跟着人家跑’者，全然失掉了自我意识，失掉了理智和底蕴，只有人云亦云，这种情形怎能走出一条自己的路。”所以，傅雷提出处理中西文化冲突和解决中国文艺发展途径问题的方法：要发展民族文化，首先必须继承本民族的优秀文化传统。

傅雷对傅聪的艺术教育便从这个逻辑出发。当年傅聪赴波兰参加肖邦国际钢琴比赛时，获得“玛祖卡”奖，国外钢琴家和记者给予傅聪高度评价，认为他“富有肖邦的灵魂”，甚至是“一个中国籍贯的波兰人”。钢琴家阿高斯蒂教授对傅聪说：“只有古老的文明才能给你那么多难得的天赋，肖邦的意境很像中国艺术的意境。”傅聪在肖邦国际钢琴比赛后，在国外引起一个普遍问题：一个中国青年怎么能理解西洋音乐如此深切，尤其是音乐家中风格极难掌握的肖邦？这位意大利教授的评语，无意中解答了和验证了傅雷的观点。傅聪的成就大半得益于他对中国古典文化的认识与体会。“只有真正了解自己民族的优秀传统精神，具备自己的民族灵魂，才能彻底了解别个民族的优秀传统，渗透他们的灵魂。”傅聪在波兰求学时便发现，国外的琴手弹奏肖邦的音乐，总觉得他们冷漠，没有灵魂。于是在家书中向傅雷说了这一问题。傅雷回信中说道：

你来信批评别人弹的肖邦，常说他们cold。我因此又想起了以前的念头：欧洲自从十九世纪，浪漫主义在文学艺术各方面到了高潮以后，先来一个写实主义与自然主义的反动（光指文学与造型艺术言），接着二十世纪前后更来了一个普遍的反浪漫底克思潮。这个思潮有两个表现：一是非常重感官（sensual），在音乐上的代表是R. Strauss，在绘画上是玛蒂斯；一是非常的intellectual，近代的许多作曲家都如此。绘画上的Picasso亦可归入此类。近代与现代的人一反十九世纪的思潮，另走极端，从过多的感情走到过多的mind的路上去了。演奏家自亦不能例外。肖邦是个半古典半浪漫底克的人，所以现代青年都弹不好。反之，我们中国人既没有上一世纪像欧洲那样的浪漫底克狂潮，民族性又是颇有olympic（希腊艺术的最高理想）精神，同时又有不太过分的浪漫底克精神，如汉魏的诗人，如李白，如杜甫（李后主算是最romantic的一个，但比起西洋人，还是极含蓄而讲究taste的），所以我们先天的具备表达肖邦相当优越的条件。（傅雷致傅聪，1955年5月11日）

后来，傅聪谈及中国文化时说：“我觉得作为一个中国人——不管你作为哪一国人——一定要对本国文化有非常深刻的认识，自己文化的根扎得深的话，有了升华，才能够更深刻地体会其他民族的文化，两者看起来好像很矛盾，其实不矛盾，因为一切文化都有深刻的人民性，是真正的挖掘了这个民族的根、民族的心灵。可是，事实上，所有人类的心灵都是互通的，都一样。自古到今，这个世界搞不好，总是为了种族的分别、国家的分别、性别的分别或者‘代沟’——老一代和年青一代的分别，打得头破血流，却忘了这些分别都是小分别，最大的‘同’——都是‘人’。”

中华民族是一个历史悠久的民族，傅雷提出既要继承民族文化传统，又要汲取外来文化的这一观点，东西方两者是有主次而并非并列，否则会出现“今天望东，明天望西的乱奔乱窜”的状况。他说：“假定你对于西方，自亚里士多德至（爱）因斯坦，自荷马至萧伯纳，的确有了彻底中正的研究，你还是不能把他整个地搬过来。西方的金鸡纳霜，可以医治东方人的疟疾，但还得认清了病人的体质和病情。”如何做到真正继承和汲取，傅雷认为要认清两点：一是东方艺术与西方艺术的根本区别；二是培养个人技巧，磨炼思想，做长期的研究。

关于中西艺术的根本不同点，傅雷说：“中国艺术是哲学的、文学的、伦理的，和现代西方艺术完全处于极端的地位。”他认为由于中西在美学观念上的不同，导致中西艺术的本质差别。在中国，“世界万物的运行，与宇宙间的和谐的印象，这一切在中国文字中都归纳在一个‘道’字中”。“艺术具有和诗及伦理恰恰相同的使命。如果不能授予我们以宇宙的和谐与生活的智慧，一切的学问将成无用。故艺术家当摆脱一切物质、外表、迅暂，而站在‘真’的本体上，与神明保持着永恒的沟通。”因此，中国艺术具有无人格、非现实、绝对无为的特点，而西方“基督教艺术”，“是以对于神的爱戴与神秘的热情为主体的”。

傅聪从小专心练习钢琴，文史课程皆由傅雷亲自指导。父子之间常用书信交流，一次傅聪写了两封英文长信，傅雷很是欣喜，却也告诫他：“为温习文字，不妨随时看几段（老舍的《柳家大院》）……最近两封英文信，又长又详尽，我们很高兴，但为了你的中文，仍望不时用中文写，这是你唯一用到中文的机会了。写错字无妨，正好让我提醒你。”傅雷经常教育傅聪从中国诗词中体会作者的情感与意境，有助于他练琴时拿捏人物情感。这也是帮助傅聪培养个人技巧、磨炼思想的训练。

你说到李、杜的分别，的确如此。写实正如其他的宗派一样，有长处也有短处。短处就是雕琢太甚，缺少天然和灵动的韵致。但杜也有极浑成的诗，例如“风急天高猿啸哀，渚清沙白鸟飞回。无边落木萧萧下，不尽长江滚滚来……”那首，胸襟意境都与李白相仿佛。还有《梦李白》《天末怀李白》几首，也是缠绵悱恻，至情至性，非常动人的。但比起苏、李的离别诗来，似乎还缺少一些浑厚古朴。这是时代使然，无法可想的。汉魏人的胸怀比较更近原始，味道浓，苍茫一片，千古之下，犹令人缅想不已。杜甫有许多田园诗，虽然受渊明影响，但比较之下，似乎也“隔”（王国维语）了一层。回过来说：写实可学，浪漫底克不可学；故杜可学，李不可学；国人谈诗的尊杜的多于尊李的，也是这个缘故。而且究竟像太白那样的天纵之才不多，共鸣的人也少。所谓曲高和寡也。同时，积雪的高峰也令人有“琼楼玉宇，高处不胜寒”之感，平常人也不敢随便瞻仰。

词人中苏、辛确是宋代两大家，也是我最喜欢的。苏的词颇有些咏田园的，那就比杜的田园诗洒脱自然了。此外，欧阳永叔的温

厚蕴藉也极可喜，五代的冯延巳也极多佳句，但因人品关系，我不免对他有些成见。（傅雷致傅聪，1954年7月27日深夜）

傅雷与傅聪讨论诗句

明确中西艺术的本质区别，如何培养艺术家达到傅雷口中所谓的中国艺术是“无人格”“非现实”“无为”的境界，他提出艺术家需要做到两点：

一是“在这个转变的时代，最要紧的是走出超现实的乐园，而进入现实的炼狱。从非人的走到人的，从无关心的走到关心的。……希望艺术家有这种转变，无非是要他在人生的途程上，多一番精进——尤其是一向唾弃的经历”。

二是“培养技巧与磨炼思想”，“既然这时代艺术家的使命特别重大，他的深思默省，锻炼琢磨的功夫尤其应当深刻”。

傅聪之所以取得巨大的成功，除了自身刻苦练琴，还有新中国的成立后政府重视文艺、大力培养人才的因素。这是傅聪的幸运，更是中国新一代艺术家们的幸运。所以肩负民族文化事业的艺术家们，磨炼思想，砥砺奋进尤为重要。

傅雷对中国艺术发展之路进行深刻的剖析与把握，是十分难能可贵的。

诚然，艺术是思想文化的一部分。“艺术之成为艺术，就因为它是艺术，而不是别的什么思想文化，更不是一般性的思想文化；艺术史的研究，理应从研究艺术本身入手。”傅雷着重探究艺术本身，从不仅仅满足于某种艺术品中包含了某种思想情绪，他更执着剖析为什么它们包含这种思想情绪。

昨天尚宗打电话来，约我们到他家去看作品，给他提些意见。话说得相当那个，不好意思拒绝。下午三时便同你妈妈一起去了。他最近参加华东美展落选的油画《洛神》，和以前画佛像、关尹等等是一类东西。面部既没有庄严沉静的表情（《观音》），也没有出尘绝俗的世外之态（《洛神》），而色彩又是既不强烈鲜明，也不深沉含蓄。显得作者的思想只是一些莫名其妙的烟雾，作者的情绪只是浑浑沌沌的一篇无名东西。我问：“你是否有宗教情绪，有佛教思想？”他说：“我只喜欢富丽的色彩，至于宗教的精神，我也曾从佛教画中追寻他们的天堂等等的观念。”我说：“他们是先有了佛教思想、佛教情绪，然后求那种色彩来表达他们那种思想与情绪的。你现在却是倒过来。而且你追求的只是色彩，而你的色彩又没有感情的根源。受外来美术的影响是免不了的，但必须与一个人的思想感情结合。否则徒袭形貌，只是做别人的奴隶。佛教画不是不可画，而是要先有强烈、真诚的佛教感情，有佛教人生观与宇宙观。或者是自己有一套人生宇宙观，觉得佛教美术的构图与色彩恰好表达出自己的观念情绪，借用人家的外形，这当然可以。倘若单从形与色方面去追求，未免舍本逐末，犯了形式主义的大毛病。

何况即以现代欧洲画派而论，纯粹感官派的作品是有极强烈的刺激感官的力量的。自己没有强烈的感情，如何教看的人被你的作品引起强烈的感情？自己胸中的境界倘若不美，人家看了你作品怎么会觉得美？你自以为追求富丽，结果画面上根本没有富丽，只有俗气乡气；岂不说明你的情绪就是俗气乡气？（当时我措辞没有如此露骨）唯其如此，你虽犯了形式主义的毛病，连形式主义的效果也丝毫产生不出来。

我又说："神话题材非不能画，但第一，跟现在的环境距离太远；第二，跟现在的年龄与学习阶段也距离太远。没有认清现实而先钻到神话中去，等于少年人醇酒妇人的自我麻醉，对前途是很危险的。学西洋画的人第一步要训练技巧，要多看外国作品，其次要把外国作品忘得干干净净——这是一件很艰苦的工作——同时再追求自己的民族精神与自己的个性。"

以尚宗的根基来说，至少再要在人体花五年十年功夫才能画理想的题材，而那时是否能成功，还要看他才具而定。后来又谈了许多整个中国绘画的将来问题，不再细述了。总之，我很感慨，学艺术的人完全没有准确的指导。解放以前，上海、杭州、北京三个美术学校的教学各有特殊缺点，而没有击中思想问题的要害。许多有关根本的技术训练与思想启发，政治以外的思想启发，不要说没人提过，恐怕脑中连影子也没有人有过。（傅雷致傅聪，1954年10月22日晨）

傅雷被错划为"右派分子"后，内心苦闷，好友周煦良为了给挚友排

解苦闷，听说傅雷喜欢书法，便送来字帖。周煦良说："当时我跟他一起练书法，我无心，他有心，我的字无大进步，他的字大见长进。"傅雷的手稿，后来成了书法界的珍品，曾在"傅雷家书墨迹展览"进行展出。傅雷一不做、二不休，学习书法也不是随便学，他甚至钻研起书法艺术，将书法当作一门科学来研究。

也许很多人记住了傅雷在译著上的远大声望，却忽视了他在艺术理论和鉴赏方面的成就。在新世纪之初，傅雷在艺术探索方面做出突出的贡献，人们不仅感叹于傅雷在文学艺术上的高深造诣，同时也为艺术家和理论家们提供一种契悟艺术的参照。《傅雷家书》中与傅聪谈艺术的对话虽然有限，但是极其深刻地表达了傅雷关于艺术学习、艺术探索的观点和看法。

第四节　“学问第一，爱情第二”

另外一点我可以告诉你：就是我一生任何时期，闹恋爱最热烈的时候，也没有忘却对学问的忠诚。学问第一，艺术第一，真理第一，——爱情第二，这是我至此为止没有变过的原则。（傅雷致傅聪，1964年3月24日上午）

傅聪和傅敏进入青春期后都开始恋爱，傅雷给他们的家书中，不仅关心着他们的成长，还关心着他们的恋爱，谈了许多怎样对待爱情的看法。虽然傅聪与傅敏都是傅雷的爱子，但是二人成长环境不同，对待爱情，傅雷针对他们迥异的性格给予不同的建议。《傅雷家书》的读者以青年居多，因此傅雷关于恋爱观的论述，或多或少对青少年有着深刻的教育意义。

20岁的傅聪，连音乐学院的大门都未曾进去过，他凭着自身的勤奋和名师的指点，幸运地被选中前往波兰参加肖邦国际钢琴比赛，并留学波兰。傅聪无疑成为人们口中“别人家的孩子”，是令人羡慕甚至嫉妒的幸运儿。然而，幸运与痛苦常常是一对如影随形的双生子。前往波兰之前，傅聪正处在热烈的初恋之中。那是傅雷一位老朋友著名画家的女儿，跟他青梅竹马，有过纯真的爱。傅聪回首往事时，曾用这样一句话表达自己的深情：“只有初恋，才是真正的爱情！”

离别，给傅聪带来无尽的思念。

知子莫如父。在波兰，傅聪练琴之余，陷入深深的苦闷当中。1955年12月11日，傅雷在给傅聪的信中，劝慰说：

> 至于过去的感情纠纷，时时刻刻来打扰你的缘故，也就由于你没有仔细深挖根。我相信你不是爱情至上者，而是真理至上主义者；那么你就该用这个立场去分析你的对象（不论是初恋的还是以后的），你跟她（不管是谁），在思想认识上，真理的执着上，是否一致或至少相去不远。从这个角度上把事情解剖清楚，许多烦恼自然迎刃而解。

艺术家大多数都是感性又多情的，傅聪也不例外。听从父亲的告诫，傅聪放下了初恋，专心练琴。毕竟傅聪年少出名，身边总围绕着许多热情奔放的异国少女。傅雷担心感情充盈又滥情的傅聪受到影响，时时刻刻提醒傅聪：“尽量控制你的感情，把它移到艺术中去。你周围美好的天使太多了，我怕你又要把持不住。你别忘了，你自誓要做几年清教徒的，在男女之爱方面要过几年僧侣生活，禁欲生活的！”“不要让自己的热情升高之后再去压制，那时痛苦更多，而且收敛也少。”母亲朱梅馥也一样担心，“我觉得你有些滥用感情，太不自爱了，……你的感情太多了，对你终身是个累”。父亲傅雷总是以讲道理的方式告诫傅聪，要专心练琴，少一些男女之爱。年轻时候的傅雷在爱情中也有深刻的教训，朱梅馥以她温婉的性情和“菩萨般”的性格始终如一地陪在他身边。母亲朱梅馥站在女性的角度，劝慰儿子：“我是一个女子，对这方面很了解女人的心理，要是碰到你这样善变的，见了真有些寒心。”

此后，随着傅聪出走英国，难忘的初恋也就因此结束。到了英国之后，傅聪结识了美国小提琴大师梅纽因。他曾与梅纽因同台演出，之后与这位大师交往日益密切，傅聪爱上了梅纽因的女儿——弥拉。

傅聪来到伦敦一年零八个月时，在家书中向父母透露喜讯。傅雷收到傅聪的来信，回复了一封长信，信中表达了“心中说不出的欢喜和兴奋”，傅雷仍告诫儿子：“深思熟虑，然后决定，切勿单凭一时冲动。”“最主要的还是本质的善良，天性的温厚，开阔的胸襟。”至于傅聪提出和弥拉结婚的想法，傅雷认为：

> 对终身伴侣的要求，正如对人生一切的要求一样不能太苛。事情总有正反两面：追得你太迫切了，你觉得负担重；追得不紧了，又觉得不够热烈。温柔的人有时会显得懦弱，刚强了又近乎专制。幻想多了未免不切实际，能干的管家太太又觉得俗气。只有长处没有短处的人在哪儿呢？世界上究竟有没有十全十美的人或事物呢？抚躬自问，自己又完美到什么程度呢？这一类的问题想必你考虑过不止一次。我觉得最主要的还是本质的善良，天性的温厚，开阔的胸襟。有了这三样，其他都可以逐渐培养；而且有了这三样，将来即使遇到大大小小的风波也不致变成悲剧。做艺术家的妻子比做任

傅聪与弥拉

何人的妻子都难；你要不预先明白这一点，即使你知道“责人太严，责己太宽”，也不容易学会明哲、体贴、容忍。只要能代你解决生活琐事，同时对你的事业感到兴趣就行，对学问的钻研等等暂时不必期望过奢，还得看你们婚后的生活如何。眼前双方先学习相互的尊重、谅解、宽容。

对方把你作为她整个的世界固然很危险，但也很宝贵！你既已发觉，一定会慢慢点醒她；最好旁敲侧击而勿正面提出，还要使她感到那是为了维护她的人格独立，扩大她的世界观。倘若你已经想到奥里维的故事，不妨就把那部书叫她细读一二遍，特别要她注意那一段插曲。像雅葛丽纳那样只知道love，love，love！的人只是童话中人物，在现实世界中非但得不到love，连日子都会过不下去，因为她除了love一无所知、一无所有、一无所爱。这样狭窄的天地哪像一个天地！这样片面的人生观哪会得到幸福！无论男女，只有把兴趣集中在事业上、学问上、艺术上，尽量抛开渺小的自我，才有快活的可能，才觉得活得有意义。未经世事的少女往往会存一个荒诞的梦想，以为恋爱时期的感情的高潮也能在婚后维持下去。这是违反自然规律的妄想。古语说：“君子之交淡如水”；又有一句话说，“夫妇相敬如宾”。可见只有平静、含蓄、温和的感情方能持久；

另外一句的意义是说，夫妇到后来完全是一种知己朋友的关系，也即是我们所谓的终身伴侣。未婚之前双方能深切领会到这一点，就为将来打定了最可靠的基础，免除了多少不必要的误会与痛苦。（傅雷致傅聪，1960年8月29日）

三个月后，傅聪与弥拉结婚。《傅雷家书》中收录了很多封傅雷写给儿媳弥拉的信，为了“免得弥拉和我们隔膜”，他总是用英文给弥拉写信。弥拉始终没有来过中国，尽管没有见到过儿媳，傅雷夫妇对儿媳也是同样地关切。1964年，当傅雷夫妇听到弥拉要当妈妈了，十分欣喜。朱梅馥还给未降生的小孙子打了几件毛绒衣，还买了小斗篷、小被头，寄往英国。孩子的名字，傅雷夫妇常在商量。

因为今年是龙年，就根据龙的特性来想。前两星期去新城隍庙看看花草，有一种叫凌霄的花，据周朝桢先生说，此花开在初夏，色带火黄，非常艳丽，我们就买了一棵回来，后来我灵机一动，“凌霄”作为男孩子的名字不是很好么？声音也好听，意义有高翔的意思；传说龙在云中，那么女孩就叫“凌云”再贴切没有了，我们就这么决定了。再有我们姓傅的，三代都是单名（你祖父叫傅鹏，父雷，你聪），来一个双名也挺有意思。

后来，弥拉生了个男孩，取名凌霄。

随着傅聪结婚、生子，《傅雷家书》中又论述了如何处理夫妇关系、如何教育子女的问题。傅雷提醒傅聪：“青年人婚后，特别是有性格的人，多半要经过长时期的摸索方始能逐渐知情识性，相处融洽”；“疼孩子固然要紧，养成纪律同样要紧；几个月大的时候不注意，到两三岁时再收紧，大人小孩都要痛苦的……”

傅聪与弥拉共同生活了10余年，终因中西差异巨大而离婚。傅聪与弥拉离婚时，傅雷夫妇已经不在人世了。失去了父母的安慰与教育，傅聪成了形单影只的独行者，迷惘、踟蹰。离婚后的傅聪处在极度苦闷之中，这期间有过一次草率的婚姻，与一名韩国驻摩洛哥大使的女儿结婚。这段婚姻仅维持了短短三个月。

傅聪从前两段失败的婚姻中走出后，结识了一位英籍华人女钢琴家——卓一龙。婚后，卓一龙生下一子，名叫凌云。

傅雷夫妇也曾将傅敏的初恋当作儿媳照顾，《傅雷家书》中仅有的几篇写给傅敏的信，便收录这篇傅雷关于爱情的教子篇。

亲爱的孩子：

很高兴知道你有了一个女友，也高兴你现在就告诉我们，让我们有机会多指导你。对恋爱的经验和文学艺术的研究，朋友中数十年悲欢离合的事迹和平时的观察思考，使我们在儿女的终身大事上能比别的父母更有参加意见的条件，帮助你过这一人生的大关。

首先态度和心情都尽可能地冷静，否则观察不会准确。初期交往容易感情冲动，单凭印象，只看见对方的优点，看不出缺点，便是与同性朋友相交也不免如此，对异性更是常有的事。感情激动时期不仅会耳不聪，目不明，看不清对方；自己也会无意识的只表现好的一方面，把缺点隐藏起来。保持冷静还有一个好处，就是不至于为了谈恋爱而荒废正业，或是影响功课，或是浪费时间，或是损害健康，或是遇到或大或小的波折时扰乱心情。

所谓冷静，不但表面的行动，尤其内心和思想都要做到这点，是很难。人总是人，感情上来，不容易控制，年轻人没恋爱经验更难保持身心的平衡。同时与个人的气质有关。我生平总不能临事沉着，极易激动，这是我的大缺点。幸而事后还能客观分析，周密思考，才不至于使当场的意气继续发展，闹得不可收拾。我告诉你这一点，让你知道如临时不能克制，过后必须由理智来控制大局；该纠正的就纠正，该向人道歉的就道歉，该收篷时就收篷。总而言之，以上二点归纳起来就是：感情必须由理智控制。要做到，必须下一番苦功在实际生活中长期锻炼。

傅聪、卓一龙夫妇

我一生从来不曾有过“恋爱至上”的看法。“真理至上”“道德至上”“正义至上”， 这种种都应当作立身的原则。恋爱不论在如何狂热的高潮阶段也不能侵犯这些原则。朋友也好，爱人也好，一遇到重大关头，与真理、道德、正义……有关问题，决不能让步。

其次，人是最复杂的动物，观察决不可简单化，而要耐心、细致、深入，经过相当的时间、各种不同的事故和场合。处处要把客观精神和大慈大悲的同情心结合起来。对方的优点，要认清是不是真实可靠的，是不是你自己想象出来的，或者是夸大的。对方的缺点，要分出是不是与本质有关。与本质有关的缺点，不能因为其他次要的优点多而加以忽视。次要的缺点也得辨别是否能改，是否发展下去会影响品性或日常生活。人人都有缺点，谈恋爱的男女双方都是如此。问题不在于找一个全无缺点的对象，而是要找一个双方缺点都能各自认识，各自承认，愿意逐渐改，同时能彼此容忍的伴侣。（此点很重要。有些缺点双方都能容忍；有些则不能容忍，日子一久即造成裂痕。）最好双方尽量自然，不要做作，各人都拿出真面目来，优缺点一齐让对方看到。必须彼此看到了优点，也看到了缺点，觉得都可以相忍相让，不会影响大局的时候，才谈得上进一步的了解；否则只能做一个普通的朋友。可是要完全看出彼此的优缺点，需要相当时间，也需要各种大大小小的事故来考验；绝对急不来！更不能轻易下结论！（不论是好的结论或坏的结论）唯有极坦白，才能暴露自己；而暴露自己的缺点总是越早越好，越晚越糟！为了追求恋爱成功而尽量隐藏自己的缺点的人其实是愚蠢的。当然，在恋爱中不自觉地表现出自己的光明面，不知不觉隐藏自己的缺点，不在此例。因为这是人的本能，而且也证明爱情能促使我们进步，往善与美的方向发展，正是爱情的伟大之处，也是古往今来的诗人歌颂爱情的主要原因……

事情主观上固盼望必成，客观方面仍须有万一不成的思想准备。为了避免失恋等等痛苦，这一点“明智”我觉得一开头就应当充分掌握……

一切不能急，越是事关重要，越要心平气和，态度安详，从长考虑，细细观察，力求客观！感情冲上高峰很容易，无奈任何事物的高峰（或高潮）都只能维持一个短时间，要久而弥笃地维持长久的友谊可很难了……

除了优缺点，两人性格脾气是否相投也是重要因素。刚柔、软硬、缓急的差别要能相互适应调剂。还有许多表现在举动、态度、言笑、声音……之间说不出也数不清的小习惯，在男女之间也有很大作用，要弄清这些，就得冷眼旁观，慢慢咂摸。……诗人常说爱情是盲目的，但不盲目的爱情毕竟更健全更可靠。人的雅俗和胸襟器量也是要非常注意的。……你自幼看惯家里的作风，想必不会忍受量窄心浅的性格。

以上谈的全是笼笼统统的原则问题……

长相身材虽不是主要考虑点，但在一个爱美的人也不能过于忽视。

交友期间，尽量少送礼物、少花钱：一方面表明你的恋爱观念与物质关系极少牵连，另一方面也是考验对方。（傅雷致傅敏，1962年3月8日）

傅雷坚决反对“恋爱至上”的观念，提出“学问第一，恋爱第二”的原则。热恋中的情侣“长相身材虽不是主要考虑点，但在一个爱美的人也不能过于忽视”。恋爱也不要急于求成，要“从长考虑，细细观察，力求客观”。交往过程中不要隐藏自己的缺点，要避免“反复不已的、有始无终的，没有结果的也不可能有结果的恋爱”。

从那之后，傅敏孑然一身，形单影只。1974年，傅敏37岁，经人介绍，认识了一个“门当户对”的女孩。这个女孩有着和傅敏极其相似的经历，同样也是毕业于北京外国语学院英语系。相似的经历，共同的厄运，让他们都把同情当作爱情。傅敏与她相识半年就结婚了。不久，他们有了一个女儿。一家三口，相濡以沫。然而，夫妻俩命运相同，性格喜好各异，只是彼此忍耐罢了。在平淡的生活中，彼此忍耐着的矛盾，越来越尖锐化。

傅敏去英国进修的那年，她向哥哥傅聪提出，也要去英国自费进修。傅聪答应了，她同傅敏一起住在傅聪家中。后来，傅敏回国。1982年2月，傅敏与她离婚。同年6月，她与一个英国人在伦敦举行婚礼，从此，留居在英国。

在爱情上，傅敏与哥哥傅聪一样不幸。最初的婚姻都没有找到可以携手一生的人。但傅敏每每谈及自己的这段婚姻，仍如谈及小×那样，“她是个好人。但是，人各有志。我要回国，她要出国，彼此的志向不同，只得分手。她在英国有了归宿，听说那个英国人待她不错，我也就放心了……”傅敏仍是那么善良。

随着《傅雷家书》的出版，广大读者了解了这个特殊的知识分子家庭，傅氏一家的事迹和精神感染和感动了许多人。叶永烈先生写了一篇关于傅敏的报告文学，发表在《北京文学》上。这篇文章让更多的人熟悉和了解了傅敏，叶先生一下子收到许多姑娘的信，要他转交给傅敏，她们在信中向傅敏表达爱慕之情。傅敏认认真真给每一位来信的姑娘复函：“我已有了心上人，谢谢！”后来，傅敏与陈哲明小姐结婚。陈小姐是他的

傅雷与傅敏

同事。

傅雷曾翻译了大量西方18世纪的小说，小说中不乏以爱情为主题，傅雷对种种爱情中的喜剧与悲剧是非常熟悉的。正因为这样，他对爱情的许多见解颇为深刻。

第六章

纪念高傲而率直的灵魂：《傅雷家书》

教育家可以从《傅雷家书》中寻找教育方法、经验，艺术家可以从《傅雷家书》中找到音乐之美、美术之妙，翻译学家可以从《傅雷家书》中探寻傅雷翻译的精髓、精华，文学家可以从《傅雷家书》中感知一份感情充沛的家信所表达的内涵，广大读者可以把《傅雷家书》看作一本优秀的爱国主义教育的生动教材、一本唤起内在父子情深的优秀读物。正因《傅雷家书》多方面的良好影响，它被列入共产主义青年团中央推荐的优秀书目之一。

第一节　《傅雷家书》的出版

傅雷是上海人，傅聪是从上海走出的钢琴家。上海一家出版社原本打算出版《傅雷家书》，但最终未能出版。早在1945年，傅雷的译著作品《约翰·克利斯朵夫》，便是在三联书店出版的。皇皇四册，由生活书店的分支上海骆驼书店出版。随后，三联书店又出版了他翻译的《高老头》《贝多芬传》等。新中国成立后，根据上级安排，傅雷翻译的文学作品移交至人民文学出版社出版。傅聪第一次回国时，三联书店的负责人范用从楼适夷处了解到，傅雷生前曾写给儿子傅聪数百封长信，内容十分精彩，于是从傅敏手中取得原件，并动员他将这批信整理发表。此后，摘录编成一集，约15万字，名为《傅雷家书》，并邀请傅雷老友楼适夷作序。楼适夷一气呵成，在范用还未上班的清晨，即交来一篇充满深情厚谊的代序——《读家书，想傅雷》。对于出版傅雷的家书集，他们充满了责任感和使命感。范用当时说，这本书对老年人、年轻人都会有益处（怎样做父亲，怎样做儿子），三联出这样的书，很合适。叶永烈先生曾碰到过当年把《傅雷家书》退稿的那位编辑，说起这件事的时候，仍然感到非常遗憾。

当时，傅聪出走英国的事情还没有结论，家书的下厂排印工作遇到不少阻力。范用和一众老友经过多方奔走，终于得到一份关于邀请傅聪回国讲学的领导批示。批示中说：

> 傅聪出走，情有可原。出走之后，没有做损害祖国的事，他在国外刻苦钻研，怀念国家，忠于艺术。对他，要体谅和爱护。他在国外生活似不甚富裕，回来演出、讲学，要给报酬。要派一个人去同他谈一谈，以表示社会主义祖国的慈母心肠。

1980年傅聪回国接受记者采访时，就曾对自己过去的出走表示内疚。范用认为："出版一本傅雷的家书集，在政治上应不成问题，从积极意义来讲，也是落实政策，在国内外会有好的影响。"

1981年8月，《傅雷家书》终于出版。从内容上看，傅雷夫妇给他们的信，略有分工。母亲侧重生活琐事，父亲侧重启发教育。《傅雷家书》收录了1954年至1966年傅雷给傅聪、弥拉和傅敏的信件。1984年5月又推出增补本，增补的原因是3年间，经过傅氏家人的四处奔走和国家对《傅雷家书》的重视，发现有信件遗留，增添了母亲写的信以及傅雷写给傅聪和儿媳弥拉的英、法文信（由金圣华译出）。根据目前整理傅雷夫妇的生前信账，以邮寄日期计算，给傅聪的信函有346通（中文信255通，英、法文信91通），目前尚存307通（中文信230通，英、法文信77通），加上仅存的父母写给傅敏的信3通，以及父母最后的遗书，尚存家书311通。1986年，

《傅雷家书》获得全国首届优秀青年读物一等奖；1999年，入选“百年百种中国优秀文学图书”。2009年，三联书店邀请傅敏重新编辑出版了《傅雷书信选》和《傅雷谈艺录》。前者在“家书”的基础上，加入一组“给朋友的信”，而这些给朋友的信，也大多是谈论傅聪的内容。因而，《傅雷书信选》从另一个角度丰富了“父亲”和“儿子”的形象，可以说是对“家书”的一个补充。

庞薰琹先生是第一版《傅雷家书》封面的设计者。庞先生与傅雷是好友，二人在法国相识，回国后共同加入“决澜社”。傅雷待人真挚、热情。庞先生举办个人画展，傅雷为画展做了很多工作。“五卅”惨案发生时，庞先生在上海法租界被捕，傅雷为其积极奔走，使之当天获释。傅雷夫妇含恨而死时，庞薰琹非常悲痛，一夜未眠。为了悼念亡友，他着手设计《傅雷家书》的封面。初版的封面，用简洁的线条勾勒出傅雷的头像，再画上一支羽毛笔，象征傅雷写的家书，封底为白色。再版时，庞先生重新设计了封面，蓝色的封面上，画上一支洁白的羽毛笔。蓝色象征海洋，代表家书穿洋渡海；白色表示不俗，象征傅雷高洁的品格。羽毛笔的含义是双重的：一是象征翻译家，因为傅雷所译的大量作品是18、19世纪法国文学作品，当时法国作家使用羽毛笔写作；二是象征家书。

《傅雷家书》1981年初版封面，设计者庞薰琹

2003年1月，傅敏重编的《傅雷家书》被称为《傅雷家书》重编本。重编本是到目前为止，规模最大、内容较为齐全的一部《傅雷家书》，其思想更加解放，视野更加开阔。过去选编的《傅雷家书》，重心主要集中于思想、道德、情操和音乐教育等方面，而少言其他。至于为什么当初舍弃那么多封书信，并对收录的近一半书信做了较多的删节，一言以蔽之，由于当时的社会历史条件使然。让人感觉好像傅雷先生是一个非常理性而较少直露情感的人，给儿子写信除了进行思想、道德、艺术等方面的教育，就没有亲情方面的流露。这与事实恰恰相反。《傅雷家书》是一部舐犊情深、谆谆教诲的教子篇，缺少了父子之爱的交流，家书就成了教育的工具。而傅雷对傅聪的教育过程里饱含了浓郁满满的父爱。这版重编本增加了35篇母亲朱梅馥的书信。作为父母，傅雷夫妇不只重视对子女的思想、道德、情操和传统文化修养方面的涵育，也同样时刻关注着他们的起居、饮食、冷暖、开支等日常生活以及婚姻家庭生活的每一个细枝末节。不只增强了家书中大量理性文字的真实性和可信性，也拉近了与读者的距离，进一步激发起他们阅读的兴致。例如，开篇第一封信。

聪：

车一开动，大家都变成了泪人儿，呆呆地直立在月台上，等到冗长的列车全部出了站方始回身……回家的三轮车上，个个人都止不住流泪。……昨天一夜我们都没睡好，时时刻刻惊醒……昨夜月台上的滋味，多少年没尝到了，胸口抽痛，胃里难过，只有从前失恋的时候有过这经验。今天一天好像大病之后，一点劲都没有。妈妈随时随地都想哭——眼睛已经肿得不像样了，干得发痛了，还是忍不住要哭。

凡此种种反映傅雷舐犊情深的新增信件，完整地展现出傅雷从“严父”到“慈父”的转变。还有关于孙子凌霄的书信，“有关凌霄的点点滴滴都叫我们兴奋不已，尤其是妈妈，她自从七月初就不停地数日子：‘一个月后凌霄就过生日了’‘三星期后凌霄就过生日了’，昨晚她就说：‘现在只剩下三天了’。那语气，简直像小宝宝就跟在她身边似的。你们眼看着自己的孩子一天天成长，真是赏心乐事！想象我们的孙儿在你们的客厅及厨房里望着我们的照片，从而认识了远方的爷爷奶奶，这情景，又是多么叫人感动。尽管如此，对于能否有一天亲眼看见他，拥抱他，把他搂在怀里，我一点不抱希望。妈妈相信有这种可能。我可不信”。这封信写于凌霄生日前两天，距傅雷夫妇离世还有不到三周的时间，向人们展示出傅氏一家人的其乐融融。谁能想象三周后傅雷夫妇便含恨离世，这种对比冲击着每一位读者的心灵。

重编本的《傅雷家书》除重新发现的这8万字新增信件之外，还由傅敏添加了近2万字的注释，对通信的背景、语境进行了有效的提示。不仅如此，傅敏先生在注里倾注了自己深厚的情感：“写注释的时候，我感到好像又在和爸爸对话一样。”

《傅雷家书》反映了傅雷追求的精神价值。从书中可以看出来，只要人还活着一天，“知其不可为而为之”。坚持理想，坚持追求，坚持人的精神价值，它是傅雷一生著作中最值得人们记住的一部作品，以此纪念傅雷先生，以及那些像他一样“又热烈又恬静、又深刻又朴素、又温柔又高傲、又微妙又率直”的灵魂。

第二节　《傅雷家书》的社会影响

现在的你还在动笔写信吗？你还有怀着忐忑的心情，期待一封家书或信件的经历吗？随着科技的不断进步、互联网的快捷便利，曾经鲜活的“书信文化”正离我们渐行渐远。在中华民族几千年的文化记忆中，“家书抵万金”在那个时代如同珍宝。书信这种长短不一的文体形式，承载着厚重的中华传统文化，给我们留下了影响久远的美谈。鸿雁传书、飞鸽报信演绎了一个个感人心、动天地的故事与传说。从汉代无名氏“长跪读素书，书中竟何如”的期待，到唐朝张籍“洛阳城里见秋风，欲作家书意万重”的期盼，从唐朝李冶“欲知心里事，看取腹中书”的望眼欲穿，到北宋晏殊“欲寄彩笺兼尺素，山长水阔知何处”的令人神往，到欧阳修“渐行渐远渐无书，水阔鱼沉知何处”的力所不及，最为著名的是杜甫的“烽火连三月，家书抵万金”的感人诗句和杜牧的“凭君莫射南来雁，恐有家书寄远人”的复杂情感。汉乐府、唐诗宋词、元散曲，都留下了关于“书信”的不朽篇章。即使今天读来，也有一种心灵的震撼。无数“修身、齐家、治国、平天下”的思想，在家信和志同道合的书信往来中得到传承与弘扬。这就是今天我们再读家书而不断产生新的启迪与思考的最好证明。很多人以为，傅雷的信写得这么好，当年之所以写下这些家信，就是准备发表的。实则不然，傅雷是一个译笔非常好的译者、文笔非常好的作家，他信中语言之雅驯纯粹是多年来翻译工作的结果。傅雷是一个刚正的人，他正式发表过的译文著作，都很严谨，很理性，当然也有赞美贝多芬那种热情如火的文字。给傅聪的家信中，他就任真情流露，不加克制。

《傅雷家书》是主角傅雷与傅聪父子之间的真情流露。然而，傅聪说他从来都不看，他说：“家书里说的话，我从小也听爸爸经常说，我自己说出来的话，就像爸爸在家书里头说的，我写给他的信，就好像是他自己写的似的。特别是父亲的遗书，我现在一想起，眼泪就忍不住了！那里边真是一个大写的‘人’字！父亲那么纯真、简朴、平凡，可他有真正的人的尊严。”

傅雷对孩子们最可贵的教诲和影响，总结起来就是：做人。傅聪说，他最强调的是做人。没有这一条就谈不上艺术，谈不上音乐，一切都谈不上。傅敏说：“从小父亲就教给哥哥和我许多古典诗词，父亲亲自编了国文教材，选录的国文都是讲做人的道理，像陶渊明的文章、李杜的诗篇。父亲要我们做一个正直的人、脱离了低级趣味的人、有赤子之心的人。父亲从不鄙视任何的劳动者。他说做人做好了，哪怕是个皮鞋匠都没关系，否则就连个皮鞋匠都做不好。父亲对我们的教育影响更多来自身教，这是言教所不能达到的，比如说做事为人的认真。”

对父亲，傅聪记忆最深刻的是他受煎熬的心灵，他的孤独、内心的挣扎，与社会的格格不入，理想和现实的冲突。傅聪是从北京坐飞机前往波兰的，傅雷曾用诗一般的语言给他写信，像写忏悔录一样，写大自然怎样冰封，小草怎样在严寒折磨之下生长，可惜这些信都没有保存下来。傅聪虽出走英国，但感受到父亲的受苦受难，父亲在感情上的大波大浪，他说："我很早就看到人类灵魂的两极，人的灵魂有多少又渺小又神圣、又恐怖又美好的东西啊！莎士比亚笔下的世界我很早就在家看到了，哈姆雷特和李尔王的悲剧我也看到了——当然我这是举一个例子，并不是说我家里真的发生这样的事情，可是家里那种大波大浪，我是从小跟它一起成长的。这些经历不是人人都有的，这些经历也更使我有了人生的信念。"

傅聪真正在父亲身边的时间很短，年幼时父亲亲自充当老师教傅聪识字读书，很多人情世故是傅聪自己后来体会学习到的。父亲给他开了一个好头，给他指引了一条路。很多人放大了傅雷对傅聪的影响，认为傅聪能有今天的成就，完全取决于傅雷的培养。恰恰相反。"你们认为我的一切都是从我爸爸那里学来的，那就把他看得太大，也看得太小了！他也不过是中国几千年优秀传统文化一个非常突出的代表。"傅聪如此评价自己的父亲。

然而，二人的家书将父子的性格特点完全展示出来。傅聪认为自己离父亲的期望还有距离，很多问题是天性使然。傅雷比傅聪严谨许多，甚至表现在生活细节中。写字台永远是一尘不染，所有东西都摆放得井井有条。傅雷做人是严谨的，朋友来信一定要回复，如果朋友信中有什么话令他有感触的话，他会洋洋洒洒像写一本书一样回一封信。傅聪就做不到父亲这般严谨，“能打个电话就不错了，要我回信就太辛苦了”。

《傅雷家书》只不过是将傅雷夫妇生前写给孩子的信编辑成书，刊行于世。它以真实之情打动了数万读者的心，引起读者心中强烈的共鸣。傅雷在1955年5月11日写给傅聪的信中说：

我一生做事，总是第一坦白，第二坦白，第三还是坦白。

傅雷的可贵之处，就在于襟怀坦白。他写家书，如同跟孩子聊家常，用不着遮遮掩掩，用不着绕圈子，用不着装腔作势。在1955年4月写给傅聪的信中，傅雷说明了写信的目的：

我自问：长篇累牍的给你写信，不是空唠叨，不是莫名其妙的gossip，而是有好几种作用的。第一，我的确把你当作一个讨论艺术、讨论音乐的对手；第二，极想激出你一些青年人的感想，让我做父亲的得些新鲜养料，同时也可以间接传布给别的青年；第三，借通信训练你的——不但是文笔，而尤其是你的思想；第四，我想时时刻刻，随处给你做个警钟，做面“忠实的镜子”，不论在做人方面，在生活细节方面，在艺术修养方面，在演奏姿态方面。

可以说，《傅雷家书》享誉国内外的特点在于真实。

很多家长希冀从《傅雷家书》中模仿和学习傅雷教育孩子的经验，这点在傅聪看来是非常危险的。他说：“有个廖冲，性格非常纯洁直爽，像个男孩子似的，音乐上也很有才能。她跟所有的人一样，很喜欢读家书，也被这本书感动。可是，她看了家书，对我说：‘这样的父亲怎么受得了啊！’”

傅雷把中华民族的优秀道德融入对儿子的谆谆教诲中，其声殷殷，其意绵绵，其情拳拳。北京曾有场所举办“傅雷家书墨迹展览”，在该展的“前言”中，有这样一段对傅雷的评价：

纵观他的一生，有两个特点最为动人。一是对祖国的热爱和忠诚，一是对事业的认真和执着。正因为有这两点，后来他才那么悲壮地走完自己的路。势利小人，决不会欣赏这两个特点，然而，一切立志为祖国的繁荣富强忘我奉献的人会从中得到力量。

结　语

所谓赤子之心，不但指纯洁无邪，指清新，而且还指爱！法文里有句话叫做“伟大的心”，意思就是“爱”，这“伟大的心”几个字，真有意义。而且这个爱决不是庸俗的，婆婆妈妈的感情，而是热烈的、真诚的、洁白的、高尚的、如火如荼的、忘我的爱。（傅雷致傅聪，1956年2月29日夜）

2013年10月27日，傅雷夫妇的骨灰最终合葬在家乡上海浦东。墓碑正面篆刻着傅雷的名言“赤子孤独了，会创造一个世界”。

傅雷、朱梅馥夫妇墓

墓碑背面篆刻墓主人生平：

傅雷，字怒安，号怒庵，上海浦东人氏。早年留学法国，归国后投身文学翻译，卓然成家。赤子之心，刚正不阿。“文革”

中与夫人朱梅馥双双悲怆离世。

朱梅馥，上海浦东人氏。早年毕业于晏摩氏教会女校。一九三三年与傅雷结为伉俪，相濡以沫三十四载。宽厚仁义，贤良淑德，与傅雷生则为伴，死亦相随。

当代作家周国平曾说：“无聊、寂寞、孤独是三种不同的心境。无聊是把自我消散于他人之中的欲望，它寻求的是消遣。寂寞是自我与他人共在的欲望，它寻求的是普通的人间温暖。孤独是把他人接纳到自我之中的欲望，它寻求的是理解。无聊者自厌，寂寞者自怜，孤独者自足。庸人无聊，天才孤独，人人都有寂寞的时光。”只有内心世界丰富的人，对精神与灵魂有着执着追求的人，对人间充满挚爱的人，才可能体验真正的孤独。

是的，傅雷便是那沧海横流的时光中独饮孤独的人。

孤独的傅雷，生于艰难，死于危世。他的一生，绝世而独立。他孤傲又暴躁的性格，迫使他不得不远离动荡不堪的社会，不得不独自躲在自己的书斋中，翻译一部又一部长篇小说。他一身傲骨、不屈不挠，面对种种磨难，始终正直坦荡。

傅雷是孤独的，但他不寂寞。诚如他在给傅聪的信中说：

赤子便是不知道孤独的。赤子孤独了，会创造一个世界，创造许多心灵的朋友！永远保持赤子之心，到老也不会落伍，永远能够与普天下的赤子之心相接、相契、相抱！

赤子之心是最纯洁的，它不含私心杂念，没有欲望纷争，只容纳人间最美好、最真挚的感情。

傅雷一生为“赤子之心”所累，一生为“赤子之心”而活。他的一颗“赤子之心”影响了许多人，傅聪和傅敏就是傅雷教育成果的结晶，是傅雷教育思想的折光。自20世纪初至今，百年间，傅氏家族给后人留下了太多的精彩与过往，既有翻译文学史上法国文学巨著的翻译家，也有艺术界行云流水的“钢琴诗人”，也有教学岗位上“太阳底下最光辉的人”，还有默默付出、温婉善良、有着“菩萨心肠”的人。

与其说这些成就皆源于“诗礼传家”的渔潭傅氏家风，倒不如说傅雷秉持着母亲那句“操守不可失”的叮咛又进一步巩固着家风，形成了傅氏家族强大的凝聚力。傅聪与傅敏始终能够坚守，举手投足间散发着赤子之心。

傅氏家风的传承，主要通过一本教泽深远的著作——《傅雷家书》。书信有着其他沟通方式没有的神奇力量。展开折叠的信纸，手书笔迹映入眼帘，见字如面，千里之距仿佛一下子近在咫尺，谁又能抵挡得住这份内心的思乡念亲的感情。举目现代，快节奏的城市生活，使得大家族的家庭组织结构发生变化，随之改变的还有家人与家人之间的相处模式、交流方式等。祖辈的经验与训诫、传统家风的继承与弘扬在日新月异的时代变化中似乎面临着巨大的考验。人们似乎忘记了提笔写信这种传统方式。

那些“又热烈又恬静、又深刻又朴素、又温柔又高傲、又微妙又率直”的人们，当你们手捧《傅雷家书》，学习真正优秀的家庭教育，体悟优良家风，感受至亲之间思想灵魂的交流与碰撞，体味书信中字里行间的至深浓情的时候，应该感谢那位用血泪灌溉花朵的“赤子之心”的园丁。

参考书目

1. 傅雷、朱梅馥、傅聪著，傅敏编：《傅雷家书》，南京：译林出版社，2018年。

2. 傅雷著：《傅雷谈艺录》，天津：天津人民出版社，2017年。

3. 傅雷著：《傅雷经典》，北京：当代世界出版社，2018年。

4. 傅雷注译：《傅雷全集》，沈阳：辽宁教育出版社，2002年。

5. 傅敏编：《傅聪：望七了》，天津：天津社会科学院出版社，2003年。

6. 傅敏编：《傅雷书信选》，北京：生活·读书·新知三联书店，2016年。

7. 金梅著：《傅雷传》，长沙：湖南文艺出版社，1994年。

8. 金圣华著：《傅雷与他的世界》，北京：生活·读书·新知三联书店，1997年。

9. 谢天振、李小均著：《傅雷——那远逝的雷火灵魂》，北京：文津出版社，2005年。

10. 叶永烈著：《傅雷与傅聪》，成都：四川人民出版社，2018年。

11. 叶永烈著：《傅雷一家》，天津：天津人民出版社，1986年。

12. 王竞：《纪念高傲而率直的灵魂——写在傅雷作品（三联纪念版）出版之际》，《光明日报》2016年12月20日第15版。